I0567465

BESTACTIVITYBOOKS.COM

PRIMERA EDICIÓN - 2022

Ilustración Gráfica Extra: www.freepik.com
Gracias a Alekksall, Starline, Pch.vector, Rawpixel.com, Vectorpocket, Dgim-studio, Upklyak, Macrovector, Stockgiu, Pikisuperstar & Freepik.com Designers

5 CONSEJOS PARA EMPEZAR

1) CÓMO RESOLVER LAS SOPA DE LETRAS

Los rompecabezas tienen un formato clásico:

- Las palabras se ocultan sin espacios ni guiones,...
- Orientación: Las palabras pueden escribirse hacia delante, hacia atrás, hacia arriba, hacia abajo o en diagonal (pueden estar invertidas).
- Las palabras pueden superponerse o cruzarse.

2) APRENDIZAJE ACTIVO

Junto a cada palabra hay un espacio para anotar la traducción. Para fomentar un aprendizaje activo, un **DICCIONARIO** al final de esta edición te permitirá comprobar y ampliar tus conocimientos. Busca y anota las traducciones, encuéntralas en el puzzle y añádelas a tu vocabulario!

3) MARCAR LAS PALABRAS

Puedes inventar tu propio sistema de marcado. ¿Quizás ya usas uno? También puedes, por ejemplo, marcar las palabras difíciles de encontrar con una cruz, las que te gustan con una estrella, las nuevas con un triángulo, las raras con un diamante, etc.

4) ESTRUCTURAR EL APRENDIZAJE

Esta edición ofrece un **CUADERNO DE NOTAS** muy práctico al final del libro. En vacaciones, de viaje o en casa, podrás organizar fácilmente tus nuevos conocimientos sin necesidad de un segundo cuaderno!

5) ¿HABÉIS TERMINADO TODAS LAS PARRILLAS?

En las últimas páginas de este libro, en la sección **DESAFÍO FINAL**, encontrarás un juego gratis!

¡Rápido y sencillo! Echa un vistazo a nuestra colección de libros de actividades para tu próximo momento de diversión y aprendizaje, ¡a sólo un clic de distancia!

Encuentre su próximo reto en:

BestActivityBooks.com/MiProximoLibro

En sus marcas, listos, ¡Ya!

¿Sabías que hay unas 7.000 lenguas diferentes en el mundo? Las palabras son preciosas.

Nos encantan los idiomas y hemos trabajado duro para crear libros de la más alta calidad para tí. ¿Nuestros ingredientes?

Una selección de temas adecuados para el aprendizaje, tres buenas porciones de entretenimiento, y luego añadimos una cucharada de palabras difíciles y una pizca de palabras raras. Los servimos con cariño y máxima diversión para que puedas resolver los mejores juegos de palabras y te diviertas aprendiendo!

Tu opinión es esencial. Puedes participar activamente en el éxito de este libro dejándonos un comentario. Nos encantaría saber qué es lo que más le ha gustado de esta edición.

Aquí hay un enlace rápido a tu página de pedidos:

BestBooksActivity.com/Opiniones50

Gracias por tu ayuda y diviértete!

Todo el equipo

1 - Agua

G	N	I	N	N	A	V	S	S	R	F	D	N	C	G
N	G	E	R	G	E	Y	S	I	R	U	U	H	V	J
I	S	B	K	I	Q	L	T	M	F	K	S	R	N	E
N	W	F	N	H	F	Q	L	Q	U	T	J	E	V	N
P	M	A	D	O	R	K	A	N	K	I	H	G	Z	N
M	O	L	F	F	C	V	N	O	T	G	E	L	V	O
A	M	J	T	A	U	T	A	P	I	S	Q	Ø	C	M
D	R	O	E	S	U	O	K	C	G	I	N	B	F	V
R	Z	Q	N	S	O	X	Z	N	H	U	H	Ø	M	Å
O	O	N	Z	S	R	B	E	A	E	W	C	A	Q	T
F	Q	W	Z	D	U	U	I	V	T	Z	Y	I	F	S
K	X	W	U	O	R	N	J	Q	U	C	C	J	L	O
I	N	N	S	J	Ø	H	M	A	D	H	P	U	O	R
A	T	U	K	Q	L	E	V	J	V	Y	A	B	I	F
T	M	K	H	Z	D	S	E	G	M	F	L	V	E	M

KANAL
DUSJ
GJENNOMVÅT
FORDAMPNING
GEYSIR
FROST
IS
FUKTIGHET
ORKAN
FUKTIG

FLOM
INNSJØ
REGN
MONSUN
SNØ
HAV
BØLGER
VANNING
ELV
DAMP

2 - Arqueología

U	K	J	E	N	T	G	R	A	V	O	A	H	K	F
A	S	H	L	P	F	M	X	E	B	Y	O	R	T	O
G	N	I	R	E	D	R	U	V	G	K	T	K	N	R
V	V	T	T	L	N	P	C	Y	C	J	J	L	W	S
M	E	R	I	E	M	Y	S	T	E	R	I	U	M	K
H	X	O	K	K	M	V	V	N	E	X	V	S	N	E
G	D	S	Z	S	K	P	T	C	K	Q	H	N	Q	R
E	L	S	M	G	V	E	E	I	V	K	I	L	E	R
K	V	E	B	E	I	N	N	L	T	E	A	M	S	G
S	H	F	M	N	H	T	F	B	D	D	Z	V	Y	P
P	Q	O	Z	T	Æ	R	A	F	O	S	S	I	L	T
E	Å	R	E	T	K	E	J	B	O	O	I	C	A	A
R	R	P	T	A	J	P	M	I	S	O	J	H	N	Z
T	E	T	T	E	R	K	O	M	M	E	R	P	A	V
S	I	V	I	L	I	S	A	S	J	O	N	H	Q	A

ANALYSE
ANTIKKEN
ÅR
SIVILISASJON
ETTERKOMMER
UKJENT
TEAM
ÆRA
VURDERING
EKSPERT
FOSSILT
BEIN
FORSKER
MYSTERIUM
OBJEKTER
GLEMT
PROFESSOR
RELIKVIE
TEMPEL
GRAV

3 - Granja #2

F	R	V	P	A	E	J	I	D	L	F	K	H	N	F
R	O	T	K	A	R	T	N	Y	Å	O	Y	E	T	R
U	B	U	J	M	G	B	E	R	V	M	E	L	K	U
K	M	B	A	A	R	B	G	V	E	L	G	K	D	K
T	O	A	E	L	Ø	P	T	G	H	T	G	R	A	T
H	G	Y	L	S	N	D	N	L	Y	S	Z	U	Y	A
A	M	J	A	U	N	Z	P	K	R	R	D	Z	N	G
G	K	K	M	P	S	H	I	A	D	N	A	L	R	T
E	N	K	B	E	A	U	G	Q	E	U	I	B	K	Y
B	B	I	O	B	K	E	D	E	N	G	R	E	R	N
U	J	P	N	R	S	A	U	B	X	G	D	L	W	U
K	H	E	Q	N	N	H	S	P	P	Y	O	P	K	K
I	N	T	S	X	A	J	R	M	T	B	O	U	Y	S
B	B	O	N	D	E	V	X	A	C	B	L	Y	T	R
J	B	T	G	T	C	Z	J	T	F	C	N	P	D	V

BONDE
DYR
BYGG
BIKUBE
MAT
LAM
FRUKT
LÅVE
FRUKTHAGE
MELK
LAMA
KORN
SAU
HYRDE
AND
ENG
VANNING
TRAKTOR
HVETE
GRØNNSAK

4 - La Empresa

K	P	O	Y	R	E	N	H	E	T	E	R	W	Z	I
V	R	I	T	E	H	M	O	S	K	R	I	V	V	N
A	E	N	K	S	I	N	N	T	E	K	T	E	R	D
L	S	V	U	S	I	T	R	E	N	D	E	R	F	U
I	E	E	D	U	K	N	R	R	Y	T	Z	M	R	S
T	N	S	O	R	R	E	N	I	U	H	K	O	A	T
E	T	T	R	S	E	X	W	O	S	G	C	E	M	R
T	A	E	P	E	A	P	Y	C	V	I	T	P	G	I
V	S	R	A	R	T	D	H	N	G	A	K	N	A	N
M	J	I	N	C	I	C	H	L	A	L	T	O	N	T
F	O	N	T	U	V	B	Z	C	N	F	O	I	G	M
F	N	G	M	U	L	I	G	H	E	T	H	B	V	B
S	Y	S	S	E	L	S	E	T	T	I	N	G	A	M
Y	A	Q	R	Y	K	T	E	S	Q	L	W	G	P	L
B	E	S	L	U	T	N	I	N	G	L	F	X	Q	H

KVALITET
KREATIV
BESLUTNING
SYSSELSETTING
GLOBAL
INDUSTRI
INNTEKTER
INNOVATIV
INVESTERING
VIRKSOMHET
MULIGHET
PRESENTASJON
PRODUKT
FRAMGANG
RESSURSER
RYKTE
RISIKO
TRENDER
ENHETER

5 - Aviones

L	E	S	N	E	R	B	H	M	O	T	O	R	H	H
E	A	E	S	K	V	L	I	H	J	A	T	Y	Y	Ø
M	X	N	J	R	P	O	S	H	B	T	N	T	D	Y
M	E	N	D	T	V	E	T	U	P	M	D	N	R	D
I	J	O	E	I	M	H	O	Z	F	O	K	E	O	E
H	D	J	P	N	N	C	R	Z	A	S	T	V	G	A
S	R	S	A	A	V	G	I	Y	I	F	G	E	E	Z
X	E	K	K	Y	S	B	E	I	D	Æ	R	L	N	C
R	L	U	S	L	D	S	A	A	O	R	X	L	G	K
C	L	R	N	Z	P	W	A	L	Q	E	H	U	I	Q
R	E	T	N	I	N	G	M	S	L	T	K	F	S	P
J	P	S	A	H	F	N	L	X	J	O	N	T	E	I
K	O	N	M	N	N	F	W	T	J	E	N	A	D	L
M	R	O	N	A	V	I	G	E	R	E	R	G	N	O
L	P	K	X	Q	E	S	N	E	L	U	B	R	U	T

LUFT
HØYDE
LANDING
ATMOSFÆRE
EVENTYR
HIMMEL
BRENSEL
KONSTRUKSJON
RETNING
DESIGN
BALLONG
PROPELLER
HYDROGEN
HISTORIE
MOTOR
NAVIGERE
PASSASJER
PILOT
MANNSKAP
TURBULENS

6 - Tipos de Cabello

H	Y	C	R	K	P	H	W	W	N	W	A	F	L	M
H	V	I	T	O	N	W	E	L	L	N	R	L	Q	X
O	T	U	O	R	Y	T	B	E	M	B	X	E	E	T
A	V	Z	R	T	J	C	B	X	J	B	V	T	U	M
B	H	F	F	K	B	O	P	R	S	I	V	T	B	B
L	L	Q	M	R	R	Ø	T	R	A	V	S	E	I	Ø
O	P	U	T	Ø	U	B	L	O	N	D	M	R	S	L
K	Y	M	W	L	N	N	Y	T	A	N	B	E	K	G
R	F	S	V	L	Ø	S	E	V	A	X	U	R	A	E
Ø	F	L	W	E	D	N	E	N	N	I	K	S	L	T
L	D	G	E	R	E	F	O	W	S	J	K	D	L	E
L	X	A	M	T	Y	I	G	N	A	L	Y	N	E	N
E	U	T	P	G	T	B	A	R	O	R	T	Z	T	G
T	I	T	C	S	E	E	O	K	Å	B	I	R	T	D
W	N	E	M	U	K	W	T	G	N	G	Q	J	C	Y

HVIT
SKINNENDE
SKALLET
KORT
TYNN
GRÅ
TYKK
LANG
BRUN
SVART
BØLGETE
SØLV
KRØLLET
KRØLLER
BLOND
SUNN
TØRR
MYK
FLETTET
FLETTER

7 - Ciencia Ficción

F	M	U	I	J	P	W	O	E	M	U	V	G	O	E
F	A	Y	A	M	W	J	G	K	G	C	U	Z	O	K
G	J	N	S	O	N	I	K	P	N	T	X	N	T	S
C	O	E	T	T	J	I	B	Ø	K	E	R	T	V	P
G	F	P	R	A	I	P	O	T	U	R	C	E	E	L
R	O	E	W	N	S	S	I	M	D	O	E	K	R	O
P	L	A	N	E	T	T	K	K	S	B	I	N	D	S
O	R	A	K	E	L	O	I	X	U	O	L	O	E	J
I	N	N	B	I	L	T	P	S	V	T	L	L	N	O
O	N	E	K	S	T	R	E	M	K	E	U	O	T	N
J	A	A	U	R	Z	X	J	Y	E	R	S	G	D	H
F	R	F	F	G	H	V	L	B	K	J	J	I	J	G
Q	B	I	P	G	A	L	A	X	Y	S	O	V	H	N
R	E	A	L	I	S	T	I	S	K	X	N	S	K	K
F	U	T	U	R	I	S	T	I	S	K	F	S	F	Y

ATOM
KINO
FJERN
EKSPLOSJON
EKSTREM
FANTASTISK
BRANN
FUTURISTISK
GALAXY
ILLUSJON
INNBILT
BØKER
MYSTISK
VERDEN
ORAKEL
PLANET
REALISTISK
ROBOTER
TEKNOLOGI
UTOPI

8 - Granja #1

C	M	K	G	N	D	K	U	H	T	C	W	P	P	F
S	G	S	Y	J	Z	M	F	Y	I	S	P	G	N	W
J	E	W	Ø	L	U	C	G	V	O	J	Y	N	M	A
W	K	S	H	Z	L	E	M	P	K	R	E	P	E	U
L	G	R	V	Y	K	I	I	O	U	B	Q	M	E	K
E	A	X	R	Y	L	U	N	G	L	C	F	J	S	L
S	D	N	A	L	T	T	A	G	X	N	A	L	G	S
E	D	A	D	N	U	H	K	A	L	V	O	S	J	Z
K	J	E	I	B	Ø	R	I	S	C	F	M	M	Ø	V
Å	M	O	E	D	R	E	J	G	V	N	X	C	D	J
R	H	R	Z	S	F	U	H	J	L	L	E	Z	S	A
K	E	V	A	N	N	K	K	O	Q	P	Y	L	E	B
S	S	Q	O	M	B	K	A	T	T	L	E	F	L	W
V	T	I	E	G	N	I	N	N	O	H	K	W	M	F
C	X	Z	O	I	B	S	S	O	W	A	C	T	X	O

BIE
LANDBRUK
VANN
RIS
ESEL
HEST
GEIT
FELT
KRÅKE
GJØDSEL
KATT
HØY
HONNING
HUND
KYLLING
FRØ
KALV
LAND
KU
GJERDE

9 - Camping

F	Ø	U	W	C	C	X	T	I	R	R	G	O	K	S
Q	J	W	E	Y	Ø	K	E	G	N	E	H	C	A	S
G	S	E	P	M	O	X	L	I	O	Y	C	Y	N	A
K	N	K	L	D	Y	R	T	H	A	T	T	T	O	P
A	N	J	Z	L	N	Z	O	D	B	N	M	K	S	M
V	I	U	W	J	U	G	M	X	H	Y	T	T	E	O
U	M	T	N	X	T	K	A	J	Q	K	W	O	U	K
T	R	Æ	R	Z	S	K	Q	B	X	V	K	E	E	I
E	T	H	I	R	T	F	E	N	Å	M	A	A	V	B
K	E	I	O	G	Y	U	A	S	A	Q	R	D	E	R
I	P	J	Z	R	R	A	D	X	N	T	T	U	N	A
Y	X	R	R	G	B	A	D	Q	F	I	U	A	T	N
M	Y	U	P	O	K	M	O	O	P	S	W	R	Y	N
O	K	P	S	F	G	M	B	V	F	F	N	L	R	B
F	L	Y	H	B	X	Q	R	S	O	N	A	K	Q	V

DYR
EVENTYR
TRÆR
SKOG
KOMPASS
HYTTE
KANO
TELT
JAKT
TAU

UTSTYR
BRANN
HENGEKØYE
INSEKT
INNSJØ
MÅNE
KART
FJELL
NATUR
HATT

10 - Fruta

N	Z	W	F	M	H	K	P	T	U	T	K	Y	Z	L
N	Z	T	D	X	N	E	Y	K	K	C	O	X	L	J
N	O	R	T	I	S	J	F	I	W	I	K	D	N	I
E	R	Æ	P	O	Q	S	K	R	O	Y	O	Z	I	W
K	B	M	E	L	O	N	S	S	G	Z	S	K	J	K
T	F	R	P	S	S	A	G	E	N	A	N	A	B	B
A	P	F	I	A	A	R	H	B	A	A	Ø	V	E	Z
R	Y	E	A	N	P	O	P	Æ	M	V	T	A	F	P
I	O	R	K	A	G	A	Z	R	H	O	T	U	Q	D
N	W	S	Z	N	K	E	Y	E	J	K	I	G	B	C
Z	D	K	F	A	B	Y	B	A	S	A	E	P	L	E
J	H	E	B	D	Æ	Z	H	Æ	F	D	D	R	U	E
A	V	N	E	Q	R	Y	U	C	R	O	L	G	X	L
A	P	R	I	K	O	S	R	V	C	T	L	D	V	X
E	P	C	C	G	C	E	U	J	Y	A	D	W	A	M

AVOKADO
APRIKOS
BÆR
KIRSEBÆR
KOKOSNØTT
BRINGEBÆR
GUAVA
KIWI
SITRON
MANGO
EPLE
FERSKEN
MELON
ORANSJE
NEKTARIN
PAPAYA
PÆRE
ANANAS
BANAN
DRUE

11 - Geología

S	T	R	A	V	K	M	I	N	E	R	A	L	E	R
N	A	K	L	U	V	R	T	K	M	D	V	Y	H	M
D	N	L	G	J	M	M	M	U	I	S	L	A	K	A
P	Å	Y	T	H	D	I	X	Q	V	D	E	L	A	H
S	T	E	I	N	U	W	D	S	O	K	J	C	I	K
N	A	A	E	F	T	L	G	W	G	T	K	I	H	O
O	L	U	W	S	A	T	E	K	G	P	S	N	F	N
J	P	L	R	Y	Y	C	I	R	C	S	D	S	O	T
S	T	A	L	A	G	M	I	T	T	E	R	Y	S	I
O	R	T	M	A	Q	Z	U	J	K	M	O	R	S	N
R	V	S	B	M	K	R	X	Y	T	A	J	E	I	E
E	A	Y	J	G	G	S	K	W	R	S	L	E	L	N
K	O	R	A	L	L	G	E	Y	S	I	R	A	T	T
V	M	C	L	A	G	C	G	X	S	Z	A	W	T	O
G	C	V	U	W	B	G	L	A	V	A	N	U	N	S

SYRE
KALSIUM
LAG
HULE
KONTINENT
KORALL
CRYSTAL
KVARTS
EROSJON
STALAKTITT
STALAGMITTER
FOSSILT
GEYSIR
LAVA
PLATÅ
MINERALER
STEIN
SALT
JORDSKJELV
VULKAN

12 - Álgebra

D	G	N	I	N	S	Ø	L	Q	B	C	B	R	Q	Z
G	I	Y	O	L	A	D	K	G	N	W	R	D	N	D
S	L	V	P	R	O	B	L	E	M	H	Ø	J	E	L
H	E	A	I	K	V	I	Y	T	E	T	K	X	Y	I
S	D	G	D	S	M	D	F	W	P	P	D	U	K	N
N	N	O	E	L	J	K	X	B	B	D	E	S	N	E
U	E	P	S	A	T	O	H	U	G	O	L	Y	S	Æ
M	U	L	F	F	U	D	N	M	E	N	G	D	E	R
M	S	I	F	O	R	M	E	L	I	O	D	A	T	O
E	Q	G	S	U	B	T	R	A	K	S	J	O	N	T
R	B	N	W	U	S	E	M	A	T	R	I	S	E	K
V	A	I	D	I	A	G	R	A	M	V	N	U	R	A
J	T	N	E	N	O	P	S	K	E	T	U	E	A	F
I	G	G	F	O	R	E	N	K	L	E	L	B	P	D
V	A	R	I	A	B	E	L	S	H	W	L	M	K	S

MENGDE
NULL
DIAGRAM
DIVISJON
LIGNING
EKSPONENT
FAKTOR
FALSK
FORMEL
BRØKDEL
UENDELIG
LINEÆR
MATRISE
NUMMER
PARENTES
PROBLEM
SUBTRAKSJON
FORENKLE
LØSNING
VARIABEL

13 - Plantas

K	U	G	B	O	T	A	N	I	K	K	L	Z	K	P
R	Z	R	G	X	L	F	C	Z	Z	F	G	D	B	K
O	Y	E	Z	E	R	S	J	L	Z	I	M	A	Z	V
N	B	S	B	L	O	M	S	T	E	N	T	R	E	C
B	L	S	F	H	T	F	E	A	Y	J	E	Æ	N	Q
L	B	Y	A	L	E	S	D	Ø	J	G	K	B	N	B
A	U	W	N	L	O	H	A	G	E	B	S	X	Ø	S
D	S	R	O	T	M	R	T	I	M	O	S	E	B	K
A	K	G	G	J	E	T	A	K	A	K	T	U	S	O
L	X	B	G	S	F	O	S	N	U	A	S	H	L	G
B	X	G	L	P	Ø	X	Y	Z	T	L	A	S	D	A
B	R	Z	S	N	Y	B	E	G	Z	Z	T	J	P	T
B	A	M	B	U	S	L	Ø	V	V	E	R	K	R	B
V	E	G	E	T	A	S	J	O	N	X	W	Y	V	K
L	D	B	U	E	F	R	O	H	Q	I	X	D	K	T

BUSK
TRE
BAMBUS
BÆR
SKOG
BOTANIKK
KAKTUS
GJØDSEL
BLOMST
FLORA
LØVVERK
BØNNE
EFØY
GRESS
BLAD
HAGE
MOSE
KRONBLAD
ROT
VEGETASJON

14 - Suministros de Arte

L	B	I	V	U	N	H	X	C	V	P	A	P	I	R
U	C	L	Q	Z	V	M	V	O	I	Y	B	J	L	X
W	J	E	Y	O	F	R	E	T	S	R	Ø	B	X	H
P	G	F	Y	A	Y	H	M	O	K	Y	K	F	R	X
T	L	F	C	K	N	N	A	V	E	R	I	E	L	S
B	E	A	S	Y	T	T	O	X	L	J	K	U	L	L
L	V	T	M	I	L	U	E	I	Æ	Z	L	R	C	Y
E	D	S	A	S	T	O	L	R	R	H	I	O	F	H
K	R	E	L	L	E	R	A	V	K	A	W	S	A	Q
K	O	X	I	A	R	G	L	R	I	R	I	T	R	G
J	B	B	N	A	K	L	Z	C	D	D	K	T	G	N
L	H	B	G	K	P	R	P	M	E	S	E	I	E	M
G	I	K	G	I	T	J	Y	X	E	N	B	F	R	Y
K	A	M	E	R	A	J	Z	L	R	H	Z	J	P	F
Z	K	R	E	A	T	I	V	I	T	E	T	K	G	F

OLJE
AKRYL
AKVARELLER
VANN
LEIRE
VISKELÆR
STAFFELI
KULL
KAMERA
BØRSTER
FARGER
KREATIVITET
IDEER
BLYANTER
BORD
PAPIR
LIM
MALING
STOL
BLEKK

15 - Negocio

K	O	N	T	O	R	K	L	G	M	T	P	Q	R	T
F	A	B	R	I	K	K	A	T	U	L	A	V	E	R
B	U	D	S	J	E	T	T	R	K	X	K	W	R	A
F	R	B	J	S	S	J	O	H	R	V	S	C	A	N
I	A	I	B	K	A	P	N	O	E	I	L	O	V	S
N	B	N	P	O	T	L	H	H	V	M	E	C	S	A
A	A	V	W	S	J	A	G	O	I	O	S	R	L	K
N	T	E	M	T	H	X	R	C	G	N	Z	P	E	S
S	T	S	R	E	T	T	A	K	S	O	C	S	D	J
I	S	T	D	E	T	L	Z	H	D	K	P	I	N	O
F	M	E	M	F	A	U	J	X	I	Ø	E	A	A	N
J	Y	R	U	V	S	Z	A	T	E	Y	N	P	H	L
D	Q	I	T	D	N	J	V	X	B	O	G	E	J	V
H	O	N	I	W	A	P	B	B	R	U	E	I	D	B
A	R	G	B	U	T	I	K	K	A	R	R	I	S	T

KARRIERE
KOSTE
RABATT
PENGER
ØKONOMI
ANSATT
ARBEIDSGIVER
SELSKAP
FABRIKK
FINANS
SKATTER
INVESTERING
HANDELSVARER
VALUTA
KONTOR
BUDSJETT
BUTIKK
JOBB
TRANSAKSJON
SALG

16 - Jardín

R	U	J	B	L	T	R	E	S	S	A	R	R	E	T
A	T	M	E	U	Y	H	G	G	D	D	M	Z	N	J
K	J	U	N	H	C	D	A	D	N	N	A	Z	I	S
E	F	O	K	M	I	W	H	I	E	A	R	J	L	Z
J	K	V	R	Q	Z	J	B	B	L	R	L	W	O	L
O	K	C	E	D	R	E	J	G	P	E	C	S	P	H
H	E	N	G	E	K	Ø	Y	E	Y	V	X	S	M	R
F	R	U	K	T	H	A	G	E	A	N	W	E	A	W
E	E	Z	U	S	H	R	L	J	B	W	Q	R	R	W
Q	B	O	R	T	U	K	Q	S	W	Y	S	G	T	S
Q	L	P	G	Q	P	B	D	A	M	N	Y	U	P	K
B	O	G	R	G	W	J	Y	R	W	Z	V	P	E	K
M	M	B	E	D	A	P	S	A	Q	T	N	D	K	O
Y	S	F	S	K	S	G	R	G	N	Q	T	R	T	L
M	T	F	S	M	H	S	X	Z	F	T	I	B	L	F

BUSK
TRE
BENK
PLEN
DAM
BLOMST
GARASJE
HENGEKØYE
GRESS
FRUKTHAGE
HAGE
UGRESS
SLANGE
SPADE
VERANDA
RAKE
JORD
TERRASSE
TRAMPOLINE
GJERDE

17 - Países #2

U	P	G	D	N	E	F	M	Y	F	J	A	M	I	I
K	O	L	N	W	Z	C	D	Y	V	A	I	E	R	N
R	R	S	A	I	P	O	I	T	E	M	E	X	L	D
A	T	U	L	O	M	B	U	E	A	A	K	I	A	O
I	U	L	S	R	S	I	W	C	U	I	I	C	N	N
N	G	W	S	V	G	O	Z	O	S	C	R	O	D	E
A	A	W	U	O	W	W	S	O	T	A	R	Y	P	S
A	L	K	R	A	M	N	A	D	R	Y	E	P	S	I
U	L	J	A	P	A	N	Y	H	A	Z	T	A	H	A
G	K	B	Z	C	L	M	F	W	L	P	S	K	E	G
A	Q	O	A	Y	J	Z	K	F	I	K	Ø	I	L	Q
N	R	F	C	N	W	S	S	N	A	D	U	S	L	T
D	V	I	E	K	I	R	K	N	A	R	F	T	A	W
A	K	W	Q	X	U	A	B	N	E	O	F	A	S	B
S	R	G	S	Q	C	X	E	K	H	T	C	N	Z	G

ALBANIA
AUSTRALIA
ØSTERRIKE
DANMARK
ETIOPIA
FRANKRIKE
HELLAS
INDONESIA
IRLAND
JAMAICA

JAPAN
LAOS
MEXICO
PAKISTAN
PORTUGAL
RUSSLAND
SYRIA
SUDAN
UKRAINA
UGANDA

18 - Números

N	L	V	S	S	M	F	S	T	D	A	T	T	E	N
O	M	E	S	L	H	E	J	O	I	V	Z	E	H	O
X	J	S	Z	F	X	M	E	F	L	F	N	U	L	L
T	Z	F	J	H	V	T	B	W	K	V	O	J	C	C
A	R	N	C	Y	L	E	N	C	S	Y	T	T	E	N
D	B	E	T	T	Å	N	I	X	K	S	X	Q	R	E
X	C	V	T	M	B	S	T	C	E	Z	B	L	T	T
Z	F	T	F	T	D	U	N	W	S	H	U	R	L	R
Z	O	R	I	P	E	B	Z	X	B	K	E	U	A	O
B	K	O	R	S	M	N	X	T	A	R	Z	T	M	J
H	M	S	E	N	G	L	O	I	O	D	I	O	I	F
R	V	R	Z	S	O	Z	W	F	E	L	S	Q	S	H
N	I	T	T	E	N	X	M	S	G	Z	V	R	E	H
Z	K	J	W	L	S	E	K	S	T	E	N	I	D	T
Z	A	C	J	V	X	H	P	H	F	U	A	S	W	A

FJORTEN
NULL
FEM
FIRE
DESIMAL
NITTEN
ATTEN
SEKSTEN
SYTTEN
TI
TOLV
TO
NI
ÅTTE
FEMTEN
SEKS
SYV
TRETTEN
TRE
TJUE

19 - Física

H	A	S	T	I	G	H	E	T	W	X	T	C	G	M
M	L	E	B	A	I	R	A	V	G	F	Y	B	A	O
M	E	K	A	N	I	K	K	U	P	N	N	Z	S	L
E	K	G	A	G	N	O	D	X	V	R	G	E	S	E
L	K	L	M	K	S	I	M	E	J	K	D	E	O	K
E	I	M	M	U	S	T	E	H	T	T	E	T	A	Y
K	T	O	K	A	J	E	L	H	K	A	K	L	K	L
T	R	T	H	Y	G	E	L	P	D	E	R	U	A	X
R	A	O	F	O	C	N	L	E	S	S	A	M	T	G
O	P	R	D	O	D	K	E	E	R	F	F	K	O	R
N	I	B	M	K	R	B	B	T	B	A	T	D	M	E
F	Z	V	B	M	O	M	R	S	I	V	S	K	V	M
N	U	K	L	E	Æ	R	E	I	C	S	O	J	Z	W
F	R	E	K	V	E	N	S	L	X	B	M	C	O	A
U	N	I	V	E	R	S	E	L	L	S	K	E	G	N

AKSELERASJON
ATOM
KAOS
TETTHET
ELEKTRON
FORMEL
FREKVENS
GASS
TYNGDEKRAFT
MAGNETISME

MASSE
MEKANIKK
MOLEKYL
MOTOR
NUKLEÆR
PARTIKKEL
KJEMISK
UNIVERSELL
VARIABEL
HASTIGHET

20 - Belleza

L	O	W	U	T	Q	S	M	F	A	R	K	Q	Y	M
I	E	L	W	D	J	J	A	O	F	E	R	C	W	G
E	K	P	J	E	U	A	S	T	S	T	Ø	R	G	Y
P	N	B	P	E	N	M	C	O	G	S	L	E	X	O
S	I	Y	F	E	R	P	A	G	O	E	L	T	N	O
I	M	T	A	D	S	O	R	E	E	N	E	K	C	E
M	S	G	R	Å	C	T	A	N	S	E	R	U	H	L
U	F	Y	G	N	I	F	I	F	K	J	H	D	U	E
F	A	Q	E	K	Y	U	Z	F	Z	T	A	O	D	G
S	A	K	S	U	H	D	C	Y	T	Q	F	R	P	A
V	I	E	V	R	F	Y	G	S	N	W	S	P	M	N
S	T	Y	L	I	S	T	N	A	G	E	L	E	V	S
R	K	O	S	M	E	T	I	K	K	I	O	C	E	E
L	X	J	X	Y	J	Q	R	U	G	L	Z	G	G	J
X	F	R	L	W	I	R	L	E	R	H	K	C	J	D

OLJER
SJAMPO
FARGE
KOSMETIKK
ELEGANSE
ELEGANT
SJARM
SPEIL
STYLIST
FOTOGEN
DUFT
NÅDE
SMINKE
HUD
LEPPESTIFT
PRODUKTER
KRØLLER
MASCARA
TJENESTER
SAKS

21 - Países #1

E	J	V	E	N	E	Z	U	E	L	A	O	V	Y	C
L	N	Q	R	Y	D	A	J	N	Q	G	K	E	F	A
O	K	N	X	N	H	A	O	O	X	P	J	M	O	N
N	O	R	G	E	U	O	K	K	O	R	A	M	B	A
U	X	K	E	C	N	N	N	D	N	S	B	F	E	D
R	Z	B	N	M	L	I	E	D	B	X	E	K	L	A
F	T	D	E	L	A	C	Y	C	U	X	N	V	G	T
S	P	A	N	I	A	A	Z	R	U	R	D	B	I	L
D	Y	I	I	S	J	R	C	K	H	A	A	Y	A	I
I	G	D	P	A	M	A	N	A	P	O	D	S	O	B
C	E	N	P	R	V	G	P	O	L	E	N	O	G	Y
J	R	I	I	B	R	U	P	M	A	L	I	R	R	A
K	E	G	L	S	C	A	N	I	T	N	E	G	R	A
I	C	O	I	T	Y	S	K	L	A	N	D	K	V	X
E	R	G	F	I	T	A	L	I	A	I	I	X	Z	I

TYSKLAND
ARGENTINA
BELGIA
BRASIL
CANADA
ECUADOR
EGYPT
SPANIA
FILIPPINENE
HONDURAS

INDIA
ITALIA
LIBYA
MALI
MAROKKO
NICARAGUA
NORGE
PANAMA
POLEN
VENEZUELA

22 - Mitología

H	F	G	T	A	M	G	K	Q	P	P	L	L	N	W
L	I	H	Z	L	X	Q	R	Q	R	A	J	V	B	Q
L	A	M	F	S	Z	U	I	S	U	L	A	J	S	Q
E	S	B	M	K	L	C	G	N	I	N	P	A	K	S
G	T	C	Y	E	U	H	E	Y	B	V	E	B	X	U
E	Y	V	S	R	L	L	R	F	Q	E	S	K	D	D
N	R	D	X	V	I	I	T	L	E	H	L	Y	N	Ø
D	K	Y	R	Y	K	N	A	U	Y	C	E	Y	E	D
E	E	G	V	O	Q	Z	T	F	R	R	P	A	G	E
O	P	P	F	Ø	R	S	E	L	T	D	A	L	M	L
T	O	R	D	E	N	E	P	Y	T	E	K	R	A	I
M	O	N	S	T	E	R	W	A	R	O	S	P	Y	G
D	Ø	D	E	L	I	G	V	U	O	B	I	Z	G	H
R	I	M	K	K	A	T	A	S	T	R	O	F	E	E
F	E	G	E	W	R	C	O	R	B	B	C	F	D	T

ARKETYPE
SJALUSI
HIMMEL
OPPFØRSEL
SKAPELSE
TRO
SKAPNING
KULTUR
KATASTROFE
STYRKE

KRIGER
HELT
UDØDELIGHET
LABYRINT
LEGENDE
MONSTER
DØDELIG
LYN
TORDEN
HEVN

23 - Ecología

N	N	O	D	L	B	Z	Z	S	T	G	H	F	O	S
L	A	Q	N	E	Æ	S	L	M	Ø	L	A	L	P	N
M	M	T	N	F	R	P	D	V	R	O	B	O	M	A
Y	I	Q	U	I	E	N	L	F	K	B	I	R	A	T
R	L	N	F	R	K	G	O	A	E	A	T	A	R	U
H	K	D	M	S	R	L	F	Z	N	L	A	I	I	R
Q	T	K	A	H	A	G	G	G	O	T	T	X	N	L
H	S	V	S	L	F	O	N	J	J	T	E	I	E	I
V	H	P	R	N	T	E	A	K	S	F	R	R	A	G
A	F	U	N	T	I	I	M	R	A	A	N	X	J	G
J	R	J	V	K	G	E	L	X	T	U	G	T	L	B
D	B	T	Y	C	M	P	L	A	E	N	E	E	F	X
R	E	S	S	U	R	S	E	R	G	A	J	B	A	Q
L	A	Y	N	I	Y	O	J	X	E	N	P	P	A	G
T	D	Z	T	R	U	D	F	Z	V	X	I	Y	Y	G

KLIMA
SAMFUNN
MANGFOLD
ART
FAUNA
FLORA
GLOBAL
HABITAT
MARINE
FJELL
NATURLIG
NATUR
MYR
PLANTER
RESSURSER
TØRKE
BÆREKRAFTIG
VEGETASJON

24 - Casa

M	G	K	S	Q	Q	D	Z	D	U	Z	K	S	E	X
K	U	E	P	B	B	V	J	N	V	Y	P	D	S	G
R	L	S	E	K	P	E	D	R	E	J	G	S	M	P
W	V	J	I	L	K	G	A	Ø	J	K	K	O	S	T
X	W	R	L	B	M	G	M	D	M	S	K	X	B	L
Y	Y	U	F	L	J	Q	J	D	T	R	G	Ø	Z	Q
V	E	B	O	S	R	M	A	E	A	X	J	Y	J	U
K	R	A	N	I	A	E	C	Y	K	S	Q	G	D	K
M	O	D	U	N	A	U	C	L	A	M	P	E	V	H
N	O	H	K	S	D	T	L	F	A	H	G	J	I	L
L	Z	R	E	L	L	E	J	K	W	J	Q	S	N	L
H	A	G	E	P	P	E	T	F	O	L	P	A	D	Y
S	C	L	Q	V	K	H	L	H	V	W	E	R	U	E
G	D	K	E	T	O	I	L	B	I	B	I	A	U	O
D	P	U	E	L	J	S	U	D	Z	F	S	G	B	Y

TEPPE
LOFT
BIBLIOTEK
PEIS
KJØKKEN
SOVEROM
DUSJ
KOST
SPEIL
GARASJE

KRAN
HAGE
LAMPE
VEGG
GULV
DØR
KJELLER
TAK
GJERDE
VINDU

25 - Artes Visuales

M	L	I	F	R	T	K	Y	D	P	L	F	T	V	S
E	M	J	G	A	U	U	C	T	B	Z	R	P	I	W
S	K	O	V	U	Y	R	R	Q	T	U	T	C	F	J
T	S	I	T	R	A	B	L	Y	A	N	T	U	A	B
E	S	T	A	F	F	E	L	I	M	A	L	E	R	I
R	H	B	K	K	I	M	A	R	E	K	V	L	G	G
V	I	T	K	E	P	S	R	E	P	R	J	E	O	O
E	P	O	A	S	K	U	L	P	T	U	R	I	T	M
R	C	O	L	A	L	M	J	T	N	M	P	R	O	G
K	A	J	R	K	K	B	X	E	U	W	R	E	F	R
P	E	N	N	T	E	T	I	V	I	T	A	E	R	K
K	A	L	P	C	R	S	J	A	B	L	O	N	G	T
T	G	N	I	N	T	E	S	N	E	M	M	A	S	B
E	I	O	F	O	R	U	T	K	E	T	I	K	R	A
D	Y	J	V	K	A	N	J	T	T	I	R	K	Z	N

LEIRE
ARKITEKTUR
ARTIST
LAKK
STAFFELI
VOKS
KERAMIKK
SAMMENSETNING
KREATIVITET
SKULPTUR
FOTOGRAFI
BLYANT
MESTERVERK
FILM
PERSPEKTIV
MALERI
SJABLONG
PENN
PORTRETT
KRITT

26 - Salud y Bienestar #2

O	E	D	V	C	F	T	B	K	L	Z	H	D	D	N
M	E	S	L	E	Y	Ø	D	R	O	F	V	I	E	O
H	Y	G	L	H	K	A	L	L	E	R	G	I	H	J
M	Y	E	F	S	T	T	I	T	E	P	P	A	Y	S
A	A	G	X	U	K	N	J	V	T	P	E	V	D	K
S	N	P	I	H	U	H	G	N	I	R	Æ	N	R	E
S	A	X	G	E	K	A	L	Z	J	A	S	N	E	F
A	T	H	R	K	N	A	W	Y	P	G	T	U	R	N
S	O	U	E	Y	C	E	L	D	Y	L	R	S	I	I
J	M	J	N	S	Q	P	C	O	U	I	E	Y	N	D
E	I	C	E	Y	V	I	H	L	R	R	S	K	G	I
G	E	N	E	T	I	K	K	B	A	I	S	D	P	E
Y	R	L	V	I	T	A	M	I	N	O	A	O	G	T
V	H	X	F	F	A	E	U	F	L	L	S	M	P	T
R	S	N	Q	K	A	N	B	E	H	J	M	F	R	B

ALLERGI
ANATOMI
APPETITT
KALORI
DEHYDRERING
DIETT
FORDØYELSE
ENERGI
SYKDOM
STRESS
GENETIKK
HYGIENE
SYKEHUS
INFEKSJON
MASSASJE
ERNÆRING
VEKT
SUNN
BLOD
VITAMIN

27 - Selva Tropical

U	B	R	E	I	B	I	F	M	A	C	C	E	B	O
R	O	F	M	F	Y	I	Y	O	S	Y	T	P	E	V
F	T	E	Z	U	I	E	I	S	N	V	U	Q	V	E
O	A	V	A	G	R	Y	D	E	T	T	A	P	A	R
L	N	E	V	L	U	T	L	X	E	K	J	I	R	L
K	I	A	D	E	T	K	O	Z	N	U	J	N	I	E
U	S	K	R	R	A	Z	F	I	N	L	U	S	N	V
R	K	M	L	T	N	C	G	P	U	F	N	E	G	E
I	E	N	G	I	F	I	N	U	F	L	G	K	Z	L
F	A	S	J	O	M	I	A	U	M	I	E	T	J	S
J	H	X	P	F	T	A	M	E	A	T	L	E	W	E
G	N	I	R	E	R	U	A	T	S	E	R	R	G	E
Z	P	P	D	Q	K	N	S	K	Y	E	R	G	K	L
X	Q	W	A	J	I	T	O	G	T	F	V	M	V	B
V	E	R	D	I	F	U	L	L	U	C	V	C	A	D

AMFIBIER
BOTANISK
KLIMA
SAMFUNNET
MANGFOLD
ART
URFOLK
INSEKTER
PATTEDYR
MOSE
NATUR
SKYER
FUGLER
BEVARING
TILFLUKT
RESPEKT
RESTAURERING
JUNGEL
OVERLEVELSE
VERDIFULL

28 - Adjetivos #1

T	K	E	F	R	E	P	L	R	H	A	W	I	A	A
H	U	O	V	W	X	K	J	B	V	K	E	L	M	B
D	S	N	B	U	S	A	S	Y	J	T	R	G	B	S
Æ	J	F	G	A	N	V	D	O	M	I	P	J	I	O
R	E	R	M	G	G	G	I	E	T	V	M	T	S	L
L	N	U	Ø	D	I	K	F	V	L	I	P	I	I	U
I	E	S	R	O	T	S	Ø	I	R	E	S	D	Ø	T
G	R	Z	K	X	K	O	F	T	G	N	L	K	S	T
U	Ø	N	N	W	I	C	V	K	A	R	A	Q	W	W
Z	S	G	Y	E	V	R	G	A	S	E	N	Z	X	D
U	S	K	Y	L	D	I	G	R	J	D	G	I	D	G
E	E	N	O	R	M	H	M	T	Y	O	S	T	K	C
Y	O	Z	A	T	A	I	W	T	I	M	O	K	Q	S
T	L	C	H	Z	T	I	N	A	W	J	M	T	F	F
Q	Z	J	J	Q	A	R	O	M	A	T	I	S	K	V

ABSOLUTT
AKTIV
AMBISIØS
AROMATISK
ATTRAKTIV
ENORM
EKSOTISK
SJENERØS
STOR
ÆRLIG
VIKTIG
USKYLDIG
UNG
LANGSOM
MODERNE
MØRK
PERFEKT
TUNG
SERIØS

29 - Familia

B	Y	D	F	H	T	N	S	T	A	M	F	A	R	F
Z	X	A	P	A	A	G	I	L	R	E	D	A	F	X
A	A	T	B	N	N	A	M	E	T	K	E	Z	I	Z
I	T	T	L	R	T	W	E	K	S	Z	P	B	Y	H
S	C	E	M	Q	E	B	G	N	R	E	K	O	N	E
I	Ø	R	B	F	A	A	R	O	O	B	L	B	V	G
B	U	S	G	U	R	R	Q	O	M	A	T	E	T	J
K	T	E	T	K	Z	N	M	R	R	R	Q	S	C	J
B	R	O	R	E	U	E	O	H	B	N	K	T	I	D
X	N	K	X	O	R	B	D	M	Z	B	W	E	O	F
F	H	D	H	W	E	A	N	E	V	Ø	U	M	G	H
E	A	J	E	K	T	R	R	U	V	S	S	O	N	G
L	E	R	K	P	T	N	A	F	Z	Z	M	R	N	A
V	T	U	I	S	E	T	B	C	Y	W	O	N	J	Y
B	E	S	T	E	F	A	R	A	K	V	R	Y	N	P

BESTEMOR
BESTEFAR
STAMFAR
KONE
SØSTER
BROR
DATTER
BARNDOM
MOR
EKTEMANN
MORS
BARNEBARN
BARN
FAR
FADERLIG
FETTER
NIESE
NEVØ
TANTE
ONKEL

30 - Disciplinas Científicas

F	A	R	K	E	O	L	O	G	I	I	L	M	U	F
W	Y	M	E	T	E	O	R	O	L	O	G	I	E	O
T	N	S	V	I	B	I	O	L	O	G	I	A	G	L
E	E	M	I	G	O	L	O	K	Y	S	P	S	I	I
R	V	E	M	O	A	B	Z	T	H	B	T	T	G	N
M	R	K	E	L	L	N	H	C	T	Z	I	R	O	G
O	O	A	J	A	Z	O	A	H	I	R	G	O	L	V
D	L	N	K	R	O	V	G	T	K	L	O	N	O	I
Y	O	I	O	E	O	Q	L	I	O	W	L	O	N	S
N	G	K	I	N	L	P	M	M	D	M	O	M	U	T
A	I	K	B	I	O	V	I	E	D	S	I	I	M	I
M	M	D	J	M	G	T	R	J	M	T	S	B	M	K
I	Z	O	J	G	I	F	Ø	K	O	L	O	G	I	K
K	K	I	N	A	T	O	B	F	W	U	S	S	F	O
K	W	G	E	O	L	O	G	I	V	I	B	W	T	F

ANATOMI
ARKEOLOGI
ASTRONOMI
BIOLOGI
BIOKJEMI
BOTANIKK
ØKOLOGI
FYSIOLOGI
GEOLOGI
IMMUNOLOGI
LINGVISTIKK
MEKANIKK
METEOROLOGI
MINERALOGI
NEVROLOGI
PSYKOLOGI
KJEMI
SOSIOLOGI
TERMODYNAMIKK
ZOOLOGI

31 - Cocina

B	F	R	Y	S	E	R	Q	Q	T	Q	T	B	W	O
G	O	E	D	G	S	K	J	Ø	L	E	S	K	A	P
R	I	L	Q	G	Ø	O	P	P	S	K	R	I	F	T
I	W	E	L	N	E	Q	B	K	Z	B	L	U	K	X
L	R	J	R	E	N	N	I	P	E	S	I	P	S	I
L	G	K	J	G	N	L	S	K	N	I	V	E	R	G
E	I	N	J	G	G	P	C	V	F	O	R	K	L	E
C	N	S	Y	U	B	Y	S	V	A	Z	Q	G	B	K
C	O	E	V	M	W	H	R	C	C	M	T	A	A	K
W	L	R	S	K	R	Y	D	D	E	R	P	F	D	U
F	N	V	O	K	X	V	U	U	U	E	K	L	E	R
Z	Q	I	L	R	J	O	I	A	J	P	E	E	Q	K
Z	S	E	R	V	T	E	M	A	T	P	V	R	B	X
O	I	T	D	M	P	C	E	F	Y	O	C	U	B	J
R	E	T	Y	H	M	Y	S	R	S	K	U	M	E	R

KJELE
MAT
FRYSER
SKJEER
ØSE
KNIVER
FORKLE
KRYDDER
SVAMP
OVN
MUGGE
SPISEPINNER
GRILLE
OPPSKRIFT
KJØLESKAP
SERVIETT
KRUKKE
KOPPER
BOLLE
GAFLER

32 - Moda

B	G	G	G	O	M	M	Å	L	I	N	G	E	R	V
L	J	N	T	X	R	O	I	K	Y	H	R	L	Y	N
O	E	J	M	W	E	I	D	D	F	B	L	T	F	U
N	N	F	F	O	T	S	G	E	S	T	I	L	K	B
D	K	H	D	W	S	T	C	I	R	C	X	E	L	O
E	E	Z	X	K	N	E	V	R	N	N	F	K	Æ	U
R	L	B	P	V	Ø	K	H	E	Z	A	E	B	R	T
O	V	E	Z	X	M	S	H	D	J	J	L	E	E	I
E	T	R	E	N	D	T	M	O	V	E	U	S	P	Q
J	L	P	F	K	Q	U	F	R	Z	Q	J	K	P	U
Z	C	E	H	O	U	R	V	B	E	C	M	J	A	E
V	R	V	G	P	R	A	K	T	I	S	K	E	N	O
D	Y	R	T	A	G	R	D	D	F	H	R	D	K	R
F	A	O	V	M	N	Q	A	A	Y	U	C	E	F	I
U	T	R	E	K	I	T	S	I	F	O	S	N	X	O

BRODERI
KNAPPER
BOUTIQUE
DYRT
ELEGANT
BLONDER
STIL
MÅLINGER
MODERNE
BESKJEDEN
ORIGINAL
MØNSTER
PRAKTISK
KLÆR
ENKEL
SOFISTIKERT
STOFF
TREND
TEKSTUR

33 - Electricidad

M	T	V	L	E	P	M	A	L	E	N	K	N	W	O
E	W	I	A	L	O	S	N	W	L	E	A	O	R	B
N	V	T	S	E	V	S	V	G	E	T	B	F	F	J
G	V	A	E	K	F	A	H	L	K	T	E	E	N	E
D	I	G	R	T	A	D	W	Q	T	V	L	L	Q	K
E	T	E	Y	R	R	O	T	A	R	E	N	E	G	T
T	I	N	T	I	L	Y	U	L	I	R	N	T	A	E
V	S	T	S	S	F	E	G	A	K	K	T	G	Z	R
K	O	W	T	K	F	A	D	W	E	I	A	B	A	Y
Y	P	R	U	H	O	I	Y	N	R	E	I	S	F	M
I	Æ	L	A	G	R	I	N	G	I	T	T	F	U	L
P	R	B	A	T	T	E	R	I	R	N	W	T	Z	U
G	E	D	B	W	H	A	P	A	N	Z	G	V	K	M
S	T	I	K	K	O	N	T	A	K	T	N	E	M	Z
X	N	X	H	Q	G	Z	Y	Z	N	Q	N	B	R	O

LAGRING
BATTERI
PÆRE
KABEL
LEDNINGER
MENGDE
ELEKTRIKER
ELEKTRISK
STIKKONTAKT
UTSTYR

GENERATOR
MAGNET
LAMPE
LASER
NEGATIV
OBJEKTER
POSITIV
NETTVERK
TV
TELEFON

34 - Salud y Bienestar #1

W	M	Q	B	R	U	D	D	P	C	N	N	Q	U	B
B	E	H	A	N	D	L	I	N	G	O	F	M	O	E
B	A	K	T	E	R	I	E	G	E	L	L	I	C	I
M	K	N	E	A	V	S	L	A	P	N	I	N	G	N
U	J	L	D	T	V	I	R	U	S	H	S	Z	H	C
S	U	Y	I	P	O	H	O	L	D	N	I	N	G	M
K	T	V	J	N	N	P	T	E	R	A	P	I	Q	I
L	P	Q	K	A	I	W	A	Q	E	Y	A	S	K	Q
E	N	A	V	I	T	K	A	L	H	L	A	I	C	N
R	A	H	H	B	W	A	K	S	Ø	Y	F	D	F	R
H	O	R	M	O	N	E	R	U	Y	A	T	E	U	S
Z	C	R	F	M	C	V	P	L	D	Y	B	M	M	O
R	E	F	L	E	K	S	H	T	E	Z	R	G	T	V
P	A	U	V	M	X	V	V	U	P	A	R	R	D	Q
T	T	R	T	F	V	K	O	A	D	V	B	B	J	G

AKTIV
HØYDE
BAKTERIE
KLINIKK
LEGE
APOTEK
BRUDD
SULT
VANE
HORMONER

BEIN
MEDISIN
MUSKLER
HUD
HOLDNING
REFLEKS
AVSLAPNING
TERAPI
BEHANDLING
VIRUS

35 - Adjetivos #2

P	R	O	D	U	K	T	I	V	Q	B	E	Y	S	S
I	K	Q	K	S	R	E	F	P	A	E	S	B	L	J
N	N	U	S	Q	E	R	R	Ø	T	R	T	F	P	D
T	Q	M	H	L	T	D	S	M	Y	Ø	O	V	A	K
E	X	F	K	D	S	Y	N	P	Q	M	L	T	F	K
R	T	R	Ø	T	T	R	F	S	I	T	T	I	D	S
E	Y	M	G	Y	T	K	P	X	S	S	J	P	S	Z
S	P	T	I	I	U	F	N	A	B	A	E	A	A	J
S	K	H	L	L	L	A	M	R	O	N	L	L	R	Y
A	R	Y	R	I	S	R	K	O	C	K	V	T	I	W
N	E	M	U	H	D	R	A	M	A	T	I	S	K	G
T	A	E	T	E	D	N	E	V	I	R	K	S	E	B
J	T	N	A	G	E	L	E	V	S	D	M	C	O	N
B	I	U	N	R	I	H	E	A	Z	N	D	I	U	T
V	V	Y	A	M	V	N	O	F	M	X	A	I	T	R

TRØTT
SPISELIG
KREATIV
BESKRIVENDE
DRAMATISK
ELEGANT
BERØMT
FERSK
STERK
INTERESSANT
NATURLIG
NORMAL
NY
STOLT
KRYDRET
PRODUKTIV
ANSVARLIG
SALT
SUNN
TØRR

36 - Cuerpo Humano

K	U	A	U	A	S	D	N	I	E	B	A	I	F	B
H	P	P	H	H	K	K	N	Y	P	A	L	M	I	A
Q	V	G	P	U	T	H	U	Ø	Y	E	B	Y	N	F
N	S	Z	Q	D	T	Y	M	L	Y	H	U	V	G	H
E	D	O	H	O	S	M	Q	C	D	Q	E	H	E	Å
S	L	F	M	L	A	N	K	E	L	E	N	K	R	N
E	Y	V	W	B	J	Z	Y	A	L	K	R	R	U	D
H	A	L	S	W	I	O	L	D	X	A	R	W	E	Y
N	H	Ø	D	W	E	T	R	E	J	H	Q	C	K	I
A	V	N	R	D	Y	G	K	M	P	Y	Y	L	T	Q
H	G	T	H	E	A	Q	N	L	N	P	G	D	R	U
X	P	B	A	X	B	J	Q	U	F	C	N	H	M	B
N	V	K	F	P	T	Z	X	T	T	K	I	S	N	A
G	H	H	J	E	R	N	E	Q	G	G	J	O	U	Q
T	K	I	Z	B	Y	Z	Z	P	W	Q	V	O	A	U

HAKE
MUNN
HODE
ANSIKT
HJERNE
ALBUE
HJERTE
HALS
FINGER
SKULDER

TUNGE
HÅND
NESE
ØYE
ØRE
HUD
BEIN
KNE
BLOD
ANKEL

37 - Calentamiento Global

G	R	B	G	G	N	I	R	E	J	G	E	R	E	C
E	O	E	Z	N	U	T	A	X	Z	N	A	T	A	D
N	F	T	S	Å	M	B	I	E	K	T	Q	S	W	O
E	R	Y	G	N	I	N	V	I	G	V	O	L	S	P
R	L	D	F	S	E	A	R	K	T	I	S	K	B	P
A	E	E	O	Y	T	V	F	B	M	I	L	J	Ø	M
S	N	L	R	G	H	C	K	S	Y	X	O	K	J	E
J	E	I	S	D	I	T	M	E	R	F	F	R	L	R
O	R	G	K	M	D	A	D	P	S	O	H	I	K	K
N	G	Y	E	I	R	T	S	U	D	N	I	S	L	S
E	I	P	R	K	D	F	H	W	Y	N	O	E	I	O
R	U	T	V	I	K	L	I	N	G	W	S	K	M	M
I	N	T	E	R	N	A	S	J	O	N	A	L	A	H
O	T	E	M	P	E	R	A	T	U	R	E	R	K	E
T	M	V	R	F	R	O	J	J	G	Z	P	L	G	T

NÅ
MILJØ
OPPMERKSOMHET
ARKTISK
FORSKER
KLIMA
KONSEKVENSER
KRISE
DATA
UTVIKLING
ENERGI
FREMTID
GASS
GENERASJONER
REGJERING
INDUSTRI
INTERNASJONAL
LOVGIVNING
BETYDELIG
TEMPERATURER

38 - Ciencia

E	T	R	E	K	S	R	O	F	F	Q	O	U	W	D
K	V	Y	C	H	V	R	E	L	Y	K	E	L	O	M
C	P	O	N	F	A	K	T	U	M	S	J	N	A	G
G	F	Y	L	G	Q	H	J	K	R	T	I	K	I	R
V	J	N	T	U	D	M	P	D	A	P	E	K	T	M
K	D	S	S	E	S	E	T	O	P	Y	H	E	K	I
L	G	I	C	K	Y	J	K	E	A	A	P	N	S	N
I	I	D	Y	J	M	B	O	R	U	T	A	N	I	E
M	F	O	S	S	I	L	T	N	A	A	T	O	M	R
A	Z	G	L	K	O	Y	I	A	H	F	Y	A	E	A
T	N	E	M	I	R	E	P	S	K	E	T	K	J	L
A	E	D	M	P	L	A	N	T	E	R	P	X	K	E
D	L	A	B	O	R	A	T	O	R	I	U	M	F	R
B	P	A	R	T	I	K	L	E	R	M	Y	W	M	E
O	R	G	A	N	I	S	M	E	D	O	T	E	M	I

ATOM
FORSKER
KLIMA
DATA
EVOLUSJON
EKSPERIMENT
FYSIKK
FOSSILT
TYNGDEKRAFT
FAKTUM

HYPOTESE
LABORATORIUM
METODE
MINERALER
MOLEKYLER
NATUR
ORGANISME
PARTIKLER
PLANTER
KJEMISK

39 - Restaurante #2

K	B	Z	D	A	K	H	S	D	C	H	U	S	F	G
L	S	L	I	M	E	Q	A	E	K	A	K	M	I	R
V	C	S	R	I	L	P	L	I	X	Y	D	I	S	Ø
L	E	F	M	A	N	R	T	L	F	D	T	D	K	N
Y	E	J	K	S	E	L	A	I	W	R	Z	D	Z	N
A	Y	G	X	S	R	U	P	G	F	I	N	A	G	S
K	Z	X	G	I	A	U	H	M	U	J	I	G	A	A
R	F	R	U	K	T	L	W	N	M	B	V	U	F	K
E	P	P	U	S	I	A	A	T	A	D	P	B	F	E
D	R	I	K	K	Q	V	Y	T	L	H	I	D	E	R
D	W	K	E	A	K	C	C	E	K	D	Q	K	L	Y
Y	T	Q	Q	W	N	K	L	R	M	Y	S	K	U	O
R	P	T	L	U	N	S	J	R	Y	B	V	T	U	T
K	T	W	V	E	A	J	T	O	J	N	C	G	O	Z
B	F	V	W	O	V	C	Y	F	A	V	U	W	E	L

VANN
LUNSJ
FORRETT
DRIKK
KELNER
MIDDAG
SKJE
DEILIG
SALAT
KRYDDER

FRUKT
IS
EGG
KAKE
FISK
SALT
STOL
SUPPE
GAFFEL
GRØNNSAKER

40 - Profesiones #1

P	G	J	C	T	I	S	R	S	D	Q	X	C	A	M
V	I	F	O	I	O	Z	E	Y	N	E	X	Y	D	U
E	N	A	C	C	A	O	D	K	N	U	G	S	V	S
T	K	R	N	N	E	N	A	E	A	N	W	B	O	I
E	K	G	I	I	B	K	K	P	M	S	Y	O	K	K
R	M	O	H	T	S	H	T	L	N	S	O	T	A	E
I	T	T	H	B	H	T	Ø	E	N	H	L	E	T	R
N	B	R	R	M	V	U	R	I	A	F	M	L	B	E
Æ	K	A	Q	D	K	E	M	E	R	D	O	T	U	G
R	D	K	M	A	T	S	C	R	B	I	N	A	J	G
B	A	N	K	I	E	R	G	E	O	L	O	G	E	E
P	W	L	W	U	G	T	R	E	N	E	R	X	G	L
C	A	P	K	R	E	S	N	A	D	G	T	Q	E	R
O	B	Z	G	O	L	O	K	Y	S	P	S	B	R	Ø
A	M	B	A	S	S	A	D	Ø	R	D	A	M	S	R

ADVOKAT
ASTRONOM
ATLET
DANSER
BANKIER
BRANNMANN
KARTOGRAF
JEGER
LEGE
REDAKTØR
AMBASSADØR
SYKEPLEIER
TRENER
RØRLEGGER
GEOLOG
GULLSMED
MUSIKER
PIANIST
PSYKOLOG
VETERINÆR

41 - Vehículos

B	C	L	A	M	P	J	E	R	C	H	I	R	W	V
I	O	A	M	X	O	F	T	E	Y	E	Y	A	O	A
L	C	S	B	A	W	T	L	N	W	L	F	L	O	R
B	I	T	U	N	S	G	O	A	L	I	L	L	S	E
W	E	E	L	I	X	Y	S	R	O	K	Y	E	E	B
D	D	B	A	S	Y	K	K	E	L	O	X	S	K	I
F	E	I	N	O	G	Q	C	Q	R	P	F	Z	J	L
S	K	L	S	S	U	B	U	S	T	T	E	K	A	R
W	K	T	E	R	M	Q	W	R	Å	E	T	A	X	I
B	Q	E	F	L	Å	T	E	F	B	R	Q	Y	G	R
M	R	V	J	C	A	M	P	I	N	G	V	O	G	N
U	N	D	E	R	V	A	N	N	S	B	Å	T	T	H
T	O	G	U	I	E	T	R	A	K	T	O	R	F	D
L	V	S	J	J	V	F	Z	A	R	F	I	M	F	L
J	X	L	Z	I	G	U	I	D	K	Y	R	V	V	J

AMBULANSE
BUSS
FLY
FLÅTE
BÅT
SYKKEL
LASTEBIL
CAMPINGVOGN
BIL
RAKETT
FERJE
VAREBIL
HELIKOPTER
MOTOR
DEKK
UNDERVANNSBÅT
TAXI
TRAKTOR
TOG

42 - Geometría

V	P	A	R	A	L	L	E	L	L	A	A	W	F	R
I	R	T	E	M	M	Y	S	H	W	Y	E	U	R	Y
N	D	I	A	M	E	T	E	R	V	U	U	X	C	Y
K	K	V	E	R	T	I	K	A	L	E	R	K	B	C
E	U	B	T	E	O	R	I	K	Y	T	B	K	H	E
L	R	U	I	S	M	B	E	R	E	G	N	I	N	G
L	V	L	E	S	G	E	I	M	Z	R	O	G	K	T
W	E	Q	J	A	N	A	D	L	M	T	J	O	F	R
Q	O	Y	E	M	I	Y	C	I	N	U	S	L	L	E
S	E	G	M	E	N	T	E	T	A	J	N	E	A	K
R	D	U	S	U	G	P	X	J	N	N	E	D	T	A
Y	Y	D	L	R	I	F	Y	E	W	F	M	N	E	N
Y	Ø	H	E	Y	L	P	B	B	F	F	I	A	E	T
I	H	M	R	L	W	N	P	V	Q	L	D	G	F	D
H	O	R	I	S	O	N	T	A	L	M	F	K	M	G

HØYDE
VINKEL
BEREGNING
KURVE
DIAMETER
DIMENSJON
LIGNING
HORISONTAL
LOGIKK
MASSE
MEDIAN
NUMMER
PARALLELL
ANDEL
SEGMENTET
SYMMETRI
FLATE
TEORI
TREKANT
VERTIKAL

43 - Vacaciones #2

F	T	P	L	D	C	T	V	Ø	H	A	S	T	G	H
L	V	L	L	E	T	O	H	F	Y	G	B	R	P	A
Y	I	R	O	S	L	M	W	S	M	E	I	A	J	V
P	S	E	D	T	F	D	P	E	M	M	O	N	G	L
L	U	N	S	I	S	F	A	V	X	U	J	S	B	Z
A	M	O	F	N	Y	I	S	B	Y	S	Z	P	R	V
S	V	J	S	A	F	F	S	R	S	Y	Z	O	E	U
S	Z	S	S	S	I	R	E	D	L	I	B	R	S	T
E	L	A	F	J	W	E	I	R	U	Q	A	T	T	L
N	W	V	Q	O	T	O	G	T	I	I	U	D	A	E
K	A	R	T	N	L	O	E	S	I	E	R	S	U	N
E	Q	E	P	L	E	T	A	X	I	D	M	L	R	D
Y	J	S	Z	C	T	S	T	R	A	N	D	I	A	I
T	V	E	Z	K	O	F	L	F	J	T	V	O	N	N
U	Q	R	W	I	O	W	R	E	L	R	A	C	T	G

FLYPLASSEN
TELT
DESTINASJON
UTLENDING
BILDER
HOTELL
ØY
KART
HAV
FRITID
PASS
STRAND
RESERVASJONER
RESTAURANT
TAXI
TRANSPORT
TOG
FERIE
REISE
VISUM

44 - Baile

X	E	C	J	D	L	R	K	P	U	E	S	U	B	W
E	W	E	L	W	Z	Y	K	R	S	V	C	T	E	X
K	U	N	S	T	I	T	U	A	O	V	T	T	V	X
S	F	H	B	Y	T	M	L	Y	B	P	X	R	E	C
I	F	X	P	G	X	E	T	Z	V	Y	P	Y	G	E
S	D	F	V	L	L	E	U	S	I	V	J	K	E	L
S	A	M	B	O	E	R	R	U	T	L	U	K	L	O
A	W	Q	F	C	G	J	E	P	P	O	H	S	S	V
L	T	G	N	I	N	D	L	O	H	O	L	F	E	A
K	M	U	S	I	K	K	L	N	Å	D	E	U	Y	K
F	Ø	L	E	L	S	E	G	H	I	D	T	L	Z	K
T	R	A	D	I	S	J	O	N	E	L	L	L	T	L
A	K	A	D	E	M	I	I	C	M	Ø	V	I	N	G
G	L	E	D	E	L	I	G	O	M	J	L	D	O	Y
K	O	R	E	O	G	R	A	F	I	Q	W	Y	E	E

AKADEMI
GLEDELIG
KUNST
KLASSISK
KOREOGRAFI
KROPP
KULTUR
KULTURELL
FØLELSE
ØVING
UTTRYKKSFULL
NÅDE
BEVEGELSE
MUSIKK
HOLDNING
RYTME
HOPPE
SAMBOER
TRADISJONELL
VISUELL

45 - Matemáticas

V	Q	G	R	J	J	S	U	I	D	A	R	I	Q	A
O	Z	N	E	I	U	Y	P	O	L	Y	G	O	N	J
L	X	T	K	M	A	M	G	E	O	M	E	T	R	I
U	Y	O	T	B	O	M	U	C	L	G	F	U	W	Q
M	K	R	A	R	W	E	L	S	L	C	E	K	H	C
C	G	G	N	Ø	D	T	N	E	N	O	P	S	K	E
D	N	E	G	K	Y	R	E	L	K	N	I	V	K	D
D	I	T	E	D	Q	I	N	Z	E	A	R	H	I	I
E	N	A	L	E	O	M	K	R	E	T	S	B	T	V
S	G	S	M	L	L	E	L	L	A	R	A	P	E	I
I	I	R	F	E	T	R	E	K	A	N	T	P	M	S
M	L	L	L	Æ	T	W	P	Q	H	J	D	B	T	J
A	T	G	X	U	R	E	V	E	G	O	V	K	I	O
L	M	D	B	J	V	E	R	Z	P	M	G	N	R	N
I	M	M	R	O	P	W	L	X	N	F	B	U	A	F

ARITMETIKK
VINKLER
OMKRETS
TORGET
DESIMAL
DIAMETER
DIVISJON
LIGNING
SFÆRE
EKSPONENT
BRØKDEL
GEOMETRI
PARALLELL
POLYGON
RADIUS
REKTANGEL
SYMMETRI
SUM
TREKANT
VOLUM

46 - Profesiones #2

O	S	T	S	F	U	R	M	T	H	I	B	F	A	L
R	P	T	A	Q	M	X	A	C	S	L	I	Q	S	E
E	F	P	P	N	X	K	L	G	O	L	B	C	T	G
K	G	E	F	P	N	V	E	O	Q	U	L	F	R	E
S	R	C	A	I	I	L	R	D	Z	S	I	C	O	U
R	U	E	R	B	N	L	E	M	E	T	O	E	N	P
O	R	C	G	S	Z	N	O	G	K	R	T	Q	A	N
F	I	L	O	S	O	F	E	T	E	A	E	R	U	D
F	K	F	T	G	S	K	X	R	X	T	K	U	T	E
A	Z	G	O	L	O	I	B	P	P	Ø	A	R	A	T
S	H	C	F	Z	O	O	L	O	G	R	R	K	V	E
I	N	G	E	N	I	Ø	R	E	N	T	R	A	G	K
L	Æ	R	E	R	L	I	N	G	V	I	S	T	L	T
J	O	U	R	N	A	L	I	S	T	S	O	S	M	I
B	N	A	B	H	R	L	N	Y	O	I	M	E	O	V

ASTRONAUT
BIBLIOTEKAR
BIOLOG
KIRURG
TANNLEGE
DETEKTIV
FILOSOF
FOTOGRAF
ILLUSTRATØR
INGENIØR
OPPFINNER
FORSKER
GARTNER
LINGVIST
LEGE
JOURNALIST
PILOT
MALER
LÆRER
ZOOLOG

47 - Naturaleza

V	X	Y	L	F	R	E	D	E	L	I	G	V	T	P
Q	Y	M	L	Ø	T	M	O	R	Y	D	O	I	S	I
E	O	Y	I	M	V	F	X	B	O	L	K	K	E	E
P	D	B	V	C	L	V	I	S	T	A	S	T	F	R
I	I	I	A	F	E	U	E	I	C	W	A	I	U	H
P	B	E	K	Å	T	A	U	R	F	G	Y	G	J	S
A	L	R	S	J	M	W	N	E	K	R	Ø	Z	S	S
S	K	J	Ø	N	N	H	E	T	S	O	K	O	O	M
D	Q	F	R	T	M	O	D	G	I	L	L	E	H	F
T	R	O	P	I	S	K	S	W	T	I	F	M	S	I
E	P	S	E	F	Z	Q	K	P	K	G	P	R	S	J
S	K	S	I	M	A	N	Y	D	R	N	O	L	Y	B
G	Z	A	J	A	V	V	E	I	A	V	M	E	Y	W
E	R	O	S	J	O	N	R	O	T	G	S	W	G	O
W	L	V	G	G	Y	Z	K	K	K	N	Z	I	X	X

BIER
DYR
ARKTISK
SKJØNNHET
SKOG
ØRKEN
DYNAMISK
EROSJON
LØVVERK
ISBRE

TÅKE
SKYER
FREDELIG
LY
ELV
VILL
HELLIGDOM
ROLIG
TROPISK
VIKTIG

48 - Conduciendo

F	T	A	I	H	R	L	M	S	S	A	G	S	Z	P
F	A	R	O	T	O	M	O	I	N	G	C	Q	C	N
G	O	R	A	Q	A	C	Y	K	F	E	K	K	Y	O
I	D	P	E	F	F	J	S	K	P	G	S	R	C	F
K	A	R	T	P	I	N	R	E	T	A	G	I	C	O
B	Y	B	J	O	G	K	Y	R	R	B	Z	L	L	T
R	Z	V	N	L	A	Q	K	H	O	R	Z	H	E	G
E	D	Z	O	I	R	E	D	E	P	E	R	N	N	J
M	J	S	G	T	A	R	A	T	S	N	A	X	N	E
S	Q	X	H	I	S	J	T	K	N	S	M	F	U	N
E	E	F	A	J	J	I	R	X	A	E	S	J	T	G
R	L	G	T	C	E	F	L	E	R	L	I	B	Z	E
U	L	Y	K	K	E	L	A	S	T	E	B	I	L	R
Y	W	M	O	T	O	R	S	Y	K	K	E	L	L	B
R	C	U	Y	A	H	A	S	T	I	G	H	E	T	U

ULYKKE
GATE
LASTEBIL
BIL
BRENSEL
BREMSER
GARASJE
GASS
LISENS
KART
MOTORSYKKEL
MOTOR
FOTGJENGER
FARE
POLITI
SIKKERHET
TRANSPORT
TRAFIKK
TUNNEL
HASTIGHET

49 - Ballet

Y	I	M	P	B	T	S	I	N	O	P	M	O	K	P
G	N	I	V	Ø	A	R	M	I	G	G	Y	R	D	U
F	T	I	F	P	T	L	Y	F	G	H	K	K	B	B
S	E	A	E	R	E	L	L	T	Q	V	S	E	O	L
R	N	A	R	A	K	U	Y	E	M	O	I	S	L	I
F	S	N	D	K	N	F	L	A	R	E	R	T	E	K
P	I	M	I	S	I	S	O	C	P	I	E	E	K	U
C	T	U	G	I	K	K	S	T	I	L	N	R	S	M
C	E	S	H	S	K	K	U	S	Q	H	T	A	J	V
D	T	K	E	N	D	Y	A	E	U	A	S	C	O	O
T	T	L	T	F	I	R	L	G	G	H	N	E	N	U
I	Q	E	F	J	R	T	P	L	B	U	U	U	E	G
D	J	R	N	J	N	T	P	I	L	E	K	G	R	H
M	U	S	I	K	K	U	A	D	A	N	S	E	R	E
K	O	R	E	O	G	R	A	F	I	H	L	W	R	J

APPLAUS
KUNSTNERISK
PUBLIKUM
BALLERINA
DANSERE
KOMPONIST
KOREOGRAFI
ØVING
STIL
UTTRYKKSFULL
GEST
FERDIGHET
INTENSITET
LEKSJONER
MUSKLER
MUSIKK
ORKESTER
PRAKSIS
RYTME
TEKNIKK

50 - Fuerza y Gravedad

B	T	P	F	V	G	T	Q	F	Z	E	B	M	H	T
A	I	L	L	L	H	E	D	Y	I	G	E	E	A	H
N	D	Y	U	A	I	S	W	S	Z	E	V	K	S	W
E	A	H	D	L	N	L	U	I	G	N	E	A	T	I
M	U	K	F	A	R	E	R	K	O	S	G	N	I	T
S	K	E	S	Q	J	D	T	K	J	K	E	I	G	X
I	S	Y	B	E	Q	I	K	E	P	A	L	K	H	V
T	I	D	L	Z	R	V	E	T	R	P	S	K	E	Y
E	M	V	W	U	A	T	V	Q	E	E	E	Z	T	N
N	A	W	R	W	Z	U	T	M	U	R	T	N	E	S
G	N	I	N	K	R	I	V	N	N	I	P	K	V	P
A	Y	V	U	G	Z	F	R	I	K	S	J	O	N	R
M	D	U	N	I	V	E	R	S	E	L	L	L	A	E
W	E	I	M	T	A	V	S	T	A	N	D	I	N	S
I	I	R	O	P	P	D	A	G	E	L	S	E	A	S

SENTRUM
OPPDAGELSE
DYNAMISK
AVSTAND
AKSER
UTVIDELSE
FYSIKK
FRIKSJON
INNVIRKNING
MAGNETISME
MEKANIKK
BEVEGELSE
BANE
VEKT
PLANETER
PRESS
EGENSKAPER
TID
UNIVERSELL
HASTIGHET

51 - Pájaros

R	N	M	H	N	L	Y	T	R	O	J	S	M	B	T
S	Å	G	K	Y	L	L	I	N	G	G	E	Å	E	O
U	V	D	Q	B	A	C	K	R	O	T	S	K	X	U
P	R	A	U	I	L	W	S	Ø	J	T	B	E	A	C
F	U	G	N	E	P	E	Y	Z	B	R	K	N	N	A
H	P	H	I	E	N	A	K	I	L	E	P	S	D	N
G	S	F	V	Z	N	F	P	G	Z	G	K	T	M	X
H	X	W	G	F	U	L	T	E	Q	P	O	R	P	X
S	D	V	N	K	U	A	H	R	G	D	A	U	H	Z
F	W	J	I	Ø	B	M	D	G	V	Ø	D	T	Q	M
G	O	O	P	J	S	I	D	E	D	E	Y	S	V	B
R	F	K	Y	G	Y	N	T	H	N	A	S	E	Z	X
R	R	N	H	R	R	G	M	I	J	G	J	T	X	Y
H	F	W	J	G	K	O	K	R	Å	K	E	M	W	Y
F	Q	X	J	V	B	P	H	L	F	Z	Q	W	N	C

STRUTS
ØRN
STORK
SVANEN
GJØK
KRÅKE
FLAMINGO
GÅS
HEGRE
MÅKE

SPURV
HAUK
EGG
PAPEGØYE
DUE
AND
PELIKAN
PINGVIN
KYLLING
TOUCAN

52 - Geografía

T	E	R	R	I	T	O	R	I	U	M	S	R	A	G
B	A	E	B	C	T	C	F	T	N	T	Z	P	R	U
D	J	H	R	Y	L	E	N	G	D	E	G	R	A	D
D	Z	D	B	K	F	T	S	E	V	J	S	Y	G	Q
K	R	C	Y	N	O	R	D	V	V	I	M	C	Q	G
S	P	S	P	A	H	A	L	V	K	U	L	E	T	P
A	Ø	Z	O	W	R	K	K	I	X	T	Q	W	W	F
L	H	R	D	G	V	H	C	P	B	O	D	M	S	G
T	D	E	S	T	F	W	Ø	N	K	H	Ø	H	L	I
A	R	L	R	W	N	M	P	Y	U	M	Y	V	I	B
J	V	A	H	N	O	N	A	I	D	I	R	E	M	A
I	T	N	E	N	I	T	N	O	K	E	E	L	V	P
W	N	D	A	R	G	E	D	D	E	R	B	N	J	L
F	J	E	L	L	E	I	S	X	Q	F	Y	H	X	F
X	T	A	X	M	R	U	Y	P	V	E	R	D	E	N

HØYDE
ATLAS
BY
KONTINENT
HALVKULE
ØY
BREDDEGRAD
LENGDEGRAD
KART
HAV
MERIDIAN
FJELL
VERDEN
NORD
VEST
LAND
REGION
ELV
SØR
TERRITORIUM

53 - Música

T	B	C	O	B	H	W	R	R	E	M	N	X	J	I
E	H	A	V	N	T	O	R	E	K	I	S	U	M	F
M	A	I	L	F	U	K	S	L	A	K	I	S	U	M
P	R	B	N	L	A	K	O	V	W	R	N	F	S	I
O	M	L	Y	N	A	S	P	J	R	O	O	T	P	M
P	O	X	T	Y	S	D	A	I	X	F	M	G	I	P
O	N	O	N	U	S	P	E	N	L	O	R	O	K	R
E	I	P	E	Y	Y	K	I	Z	G	N	A	S	S	O
T	S	E	M	T	Y	R	D	L	J	E	H	Y	I	V
I	K	R	U	N	P	M	O	B	L	O	R	N	S	I
S	M	A	R	D	M	W	L	Q	O	I	L	G	S	S
K	V	K	T	L	L	L	E	W	T	K	N	E	A	E
A	W	W	S	C	W	Z	M	W	A	Z	Z	G	L	R
Q	Z	B	N	A	L	B	U	M	J	M	D	K	K	E
I	O	J	I	Y	L	Q	M	V	U	W	B	X	W	V

HARMONI
HARMONISK
ALBUM
BALLADE
SANGER
SYNGE
KLASSISK
KOR
INNSPILLING
IMPROVISERE
INSTRUMENT
MELODI
MIKROFON
MUSIKALSK
MUSIKER
OPERA
POETISK
RYTME
TEMPO
VOKAL

54 - Enfermedad

I	A	I	T	A	P	O	R	V	E	N	D	M	N	W
M	R	P	T	K	L	S	Y	N	D	R	O	M	E	W
M	V	A	U	T	Z	L	G	S	Q	U	J	V	D	Z
U	E	R	K	A	V	S	E	T	R	E	J	H	I	A
N	L	E	A	A	B	S	S	R	A	B	M	U	L	J
I	I	T	V	Q	O	V	L	C	G	U	S	W	B	A
T	G	O	Y	E	D	R	E	K	S	I	N	O	R	K
E	P	P	O	R	K	K	H	M	G	V	L	N	J	S
T	B	N	Q	Æ	V	N	S	N	C	N	Q	A	W	I
L	U	F	T	V	E	I	E	N	E	D	E	T	P	T
K	B	U	N	L	G	R	X	L	U	N	G	E	Q	E
K	E	W	L	E	T	S	M	I	T	T	S	O	M	N
Q	I	Y	L	V	Q	A	E	A	H	D	Q	W	Q	E
E	N	B	E	T	E	N	N	E	L	S	E	V	O	G
M	I	O	Q	A	C	W	Z	N	G	M	W	P	U	H

AKUTT
ALLERGI
VELVÆRE
SMITTSOM
HJERTE
KRONISK
KROPP
SVAK
GENETISK
ARVELIG

BEIN
BETENNELSE
IMMUNITET
LUMBAR
NEVROPATI
LUNGE
LUFTVEIENE
HELSE
SYNDROM
TERAPI

55 - Actividades

G	A	K	T	I	V	I	T	E	T	L	I	M	S	O
F	O	T	O	G	R	A	F	E	R	I	N	G	T	B
F	E	R	D	I	G	H	E	T	U	B	Z	N	R	C
F	O	T	T	U	R	E	R	D	M	T	M	I	I	C
I	R	E	L	A	M	F	T	Y	C	F	F	N	K	X
Y	E	D	E	L	G	K	G	K	G	L	R	P	K	K
P	S	R	H	K	V	D	N	B	X	V	I	A	I	J
T	S	Y	C	F	D	B	I	F	H	G	T	L	N	X
K	E	R	A	M	I	K	K	O	A	D	I	S	G	V
A	R	H	Å	N	D	V	E	R	K	S	D	V	C	M
J	E	K	S	I	F	K	U	N	S	T	P	A	W	P
C	T	K	M	L	E	S	I	N	G	X	T	I	F	G
E	N	H	V	A	P	J	O	L	P	G	P	A	L	W
W	I	N	G	C	G	H	Z	E	V	L	R	W	X	L
Z	E	N	P	L	D	I	E	B	R	A	E	G	A	H

AKTIVITET
KUNST
HÅNDVERK
JAKT
KERAMIKK
SY
FOTOGRAFERING
FERDIGHET
INTERESSER
HAGEARBEID

SPILL
LESING
MAGI
FRITID
FISKE
MALERI
GLEDE
AVSLAPNING
FOTTURER
STRIKKING

56 - Verduras

Q	T	I	Q	F	O	H	F	U	Y	O	C	N	Q	F
S	A	L	A	T	H	P	V	G	R	G	D	U	I	B
K	P	O	S	E	R	N	S	I	R	E	L	L	E	S
F	W	K	Z	T	A	E	F	I	T	A	M	O	T	W
E	O	K	E	O	K	V	D	L	A	L	M	M	Q	D
W	D	O	M	P	S	I	R	D	N	R	Ø	A	Z	O
K	P	R	A	S	S	L	H	H	I	E	G	K	V	A
S	K	B	V	W	E	O	U	Q	P	K	P	I	I	N
L	X	C	B	T	R	V	D	A	S	U	P	E	F	N
L	X	E	N	I	G	R	E	B	U	A	O	S	F	X
X	L	S	E	I	N	G	E	F	Æ	R	S	F	D	O
P	K	L	R	P	E	R	S	I	L	L	E	F	O	C
O	D	Ø	T	A	R	T	I	S	J	O	K	K	C	L
V	M	K	R	U	G	A	G	U	L	R	O	T	K	N
K	H	G	E	Q	A	H	U	J	J	N	B	H	S	T

HVITLØK
ARTISJOKK
SELLERI
AUBERGINE
BROKKOLI
GRESSKAR
LØK
SALAT
SPINAT
ERT

INGEFÆR
NEPE
OLIVEN
POTET
AGURK
PERSILLE
REDDIK
SOPP
TOMAT
GULROT

57 - Instrumentos Musicales

B	H	R	I	J	T	H	N	F	M	X	H	A	J	G
S	A	U	C	O	Z	Q	A	L	T	P	D	Q	I	I
P	K	N	I	L	O	I	F	R	E	T	I	A	W	T
M	U	N	J	Q	Z	U	B	F	P	T	M	A	K	A
U	C	I	G	O	B	O	I	K	M	E	A	P	N	R
N	T	R	O	M	B	O	N	E	O	N	R	E	C	O
N	L	U	X	J	Q	I	J	F	R	I	I	R	E	S
S	F	B	C	G	Y	O	E	F	T	R	M	K	L	V
P	B	M	A	P	I	T	U	I	L	A	B	U	L	O
I	S	A	K	S	O	F	O	N	N	L	A	S	O	I
L	Y	T	R	U	M	N	I	B	P	K	G	J	Z	Y
L	M	A	N	D	O	L	I	N	B	O	O	O	P	O
D	G	O	P	K	C	D	K	R	N	C	N	N	K	A
T	R	O	M	M	E	T	Y	Ø	L	F	G	W	X	J
I	I	J	F	A	G	O	T	T	B	J	I	Q	Z	A

MUNNSPILL
HARPE
BANJO
KLARINETT
FAGOTT
FLØYTE
GONG
GITAR
MANDOLIN
MARIMBA
OBO
TAMBURIN
PERKUSJON
PIANO
SAKSOFON
TROMME
TROMBONE
TROMPET
FIOLIN
CELLO

58 - Formas

T	N	J	G	S	I	V	P	R	I	Y	O	T	L	H
S	O	L	I	I	X	K	G	J	A	E	V	N	I	J
F	G	R	M	D	K	X	I	F	B	B	A	A	N	Ø
Æ	Y	E	G	E	M	S	I	R	P	U	L	L	J	R
R	L	T	J	E	D	P	T	U	V	K	E	O	E	N
E	O	N	V	C	T	Y	Z	R	B	J	U	B	U	E
Z	P	A	X	B	L	R	L	T	A	X	S	R	M	W
G	Y	K	V	T	N	A	K	E	R	T	A	E	V	R
S	I	R	K	E	L	M	B	Y	P	F	K	P	W	E
E	F	F	K	S	S	I	C	Z	F	I	E	Y	R	D
T	P	H	X	P	P	D	U	B	W	Q	E	H	A	N
H	S	B	X	I	W	E	V	S	T	T	T	U	U	I
O	M	T	S	L	E	G	N	A	T	K	E	R	K	L
Y	K	P	G	L	K	J	E	G	L	E	T	D	M	Y
D	O	T	P	E	K	B	L	V	U	V	I	A	G	S

BUE
KANTER
SYLINDER
SIRKEL
KJEGLE
TORGET
KUBE
KURVE
ELLIPSE
SFÆRE
HJØRNE
HYPERBOLA
SIDE
LINJE
OVAL
PYRAMIDE
POLYGON
PRISME
REKTANGEL
TREKANT

59 - Flores

O	B	T	G	A	R	D	E	N	I	A	U	Q	X	V
K	R	Q	U	L	Ø	V	E	T	A	N	N	A	I	N
L	H	K	E	S	X	M	A	G	N	O	L	I	A	G
Ø	I	B	I	E	E	J	L	I	L	E	K	S	Å	P
V	B	U	A	D	L	N	I	M	S	A	J	S	Z	V
E	I	K	X	C	É	O	F	H	I	V	D	H	I	D
R	S	E	Q	B	O	E	Q	R	E	D	E	S	V	B
E	K	T	Q	I	D	P	Y	Y	Y	L	I	L	L	A
Z	U	T	G	I	A	L	Z	I	E	D	J	J	E	T
T	S	Z	V	A	L	M	U	E	S	O	R	V	D	U
F	L	D	E	N	B	U	B	J	A	P	R	D	N	L
P	A	S	J	O	N	S	B	L	O	M	S	T	E	I
A	G	E	L	Y	O	W	O	I	P	U	R	B	V	P
V	U	G	Y	E	R	G	L	L	X	X	J	M	A	A
P	L	Z	B	E	K	K	I	S	L	O	S	R	L	N

VALMUE
LØVETANN
GARDENIA
SOLSIKKE
HIBISKUS
SJASMIN
LAVENDEL
LILLA
LILJE
MAGNOLIA

TUSENFRYD
PÅSKELILJE
ORKIDÉ
PASJONSBLOMST
PEON
KRONBLAD
BUKETT
ROSE
KLØVER
TULIPAN

60 - Astronomía

E	F	N	O	J	S	A	L	L	E	T	S	N	O	K
N	Q	O	D	A	V	P	X	H	I	V	V	H	I	O
Å	R	U	R	N	N	T	Z	S	X	J	M	X	J	S
M	E	F	I	M	O	N	O	R	T	S	A	Y	U	M
S	T	G	J	N	Ø	S	T	R	Å	L	I	N	G	O
U	T	U	A	N	O	R	T	S	A	W	M	M	X	S
P	I	Q	Q	M	E	X	K	T	F	H	N	V	G	U
E	L	D	E	D	I	O	R	E	T	S	A	H	A	N
R	L	C	L	V	U	P	J	N	L	J	C	I	L	I
N	E	R	A	K	E	T	T	A	T	S	U	M	A	V
O	T	T	P	O	K	S	E	L	E	T	E	M	X	E
V	A	S	G	Q	O	Y	F	P	D	D	I	E	Y	R
A	S	T	N	V	Q	M	E	T	E	O	R	L	E	S
M	U	I	R	O	T	A	V	R	E	S	B	O	E	S
H	K	Q	P	K	D	F	U	L	V	A	Y	H	J	Z

ASTEROIDE
ASTRONAUT
ASTRONOM
HIMMEL
RAKETT
KONSTELLASJON
KOSMOS
FORMØRKELSE
EQUINOX
GALAXY
MÅNE
METEOR
OBSERVATORIUM
PLANET
STRÅLING
SATELLITT
SUPERNOVA
TELESKOP
JORD
UNIVERS

61 - Tiempo

N	V	K	D	E	T	Z	A	F	K	E	L	T	I	M
U	Q	S	N	Å	I	H	B	Z	Ø	L	V	G	D	Å
K	E	M	J	P	M	U	N	E	G	R	O	M	A	N
E	P	I	D	N	E	T	K	Z	O	T	Z	K	G	E
N	N	D	V	N	R	T	N	J	N	R	J	D	K	D
A	V	D	D	E	D	Q	K	Q	H	R	H	I	U	E
T	I	A	A	C	N	H	M	Q	D	H	T	T	A	B
T	B	G	G	G	U	I	I	W	P	T	B	M	U	B
E	G	S	M	I	H	Y	N	Z	R	L	Å	E	T	X
M	B	T	Q	B	R	F	U	E	S	Q	H	R	H	L
Q	W	I	I	G	Å	R	T	N	I	B	K	F	L	V
X	U	D	G	T	J	C	T	T	H	A	G	D	R	X
N	V	U	W	T	I	Å	R	E	D	N	E	L	A	K
J	O	S	J	Ø	Y	E	B	L	I	K	K	J	E	E
Å	R	L	I	G	C	K	P	G	X	A	V	X	Y	R

NÅ
FØR
ÅRLIG
ÅR
I GÅR
KALENDER
TIÅR
DAG
FREMTID
TIME
I DAG
MORGEN
MIDDAGSTID
MÅNED
MINUTT
ØYEBLIKK
NATT
KLOKKE
UKE
ÅRHUNDRE

62 - Paisajes

S	U	P	B	L	F	U	Z	S	D	H	O	A	N	W
Z	L	H	O	X	G	R	W	Q	P	K	U	Q	J	T
G	L	G	I	N	N	S	J	Ø	R	Ø	I	M	N	U
C	E	R	B	S	I	J	S	V	P	Y	I	Q	E	N
W	J	Y	E	Z	Y	X	B	O	O	A	S	E	G	D
V	F	Ø	S	W	F	H	E	C	F	T	B	M	N	R
E	A	V	V	I	N	A	K	L	U	V	F	X	I	A
H	U	L	E	W	R	V	F	X	U	W	D	T	N	G
D	N	A	R	T	S	E	R	E	E	B	J	L	N	I
U	E	H	O	R	F	K	V	V	K	I	P	M	U	S
B	K	S	P	J	Y	K	C	L	F	R	V	C	M	F
T	R	H	W	P	Y	M	Z	S	G	A	S	M	E	J
K	Ø	S	D	S	S	D	O	Y	S	D	J	K	V	E
R	V	P	S	I	E	S	E	N	U	G	A	L	L	L
F	E	L	N	B	E	H	M	C	X	E	V	L	E	L

FOSS
HULE
ØRKEN
ELVEMUNNINGEN
GEYSIR
ISBRE
ISFJELL
ØY
INNSJØ
LAGUNE
HAV
FJELL
OASE
SUMP
HALVØY
STRAND
ELV
TUNDRA
DAL
VULKAN

63 - Días y Meses

T	N	O	V	E	M	B	E	R	T	F	S	P	R	M
S	O	K	Y	I	F	W	Q	H	H	R	I	H	Y	Å
U	Q	R	A	U	R	B	E	F	G	E	Z	O	C	N
G	I	E	S	Å	Y	S	K	C	K	D	D	J	T	E
U	J	O	M	D	R	U	U	N	K	A	C	S	B	D
A	A	M	P	G	A	D	S	N	O	G	I	M	U	J
O	N	N	F	T	J	G	A	D	N	A	M	P	B	L
K	U	T	I	R	S	D	A	G	A	D	R	Ø	L	R
T	A	A	P	R	I	L	V	D	D	Y	J	U	N	I
O	R	Q	X	O	U	E	W	M	N	N	H	C	S	O
B	J	U	L	I	I	T	E	C	V	Ø	I	L	F	Z
E	G	R	R	E	B	M	E	T	P	E	S	H	W	V
R	K	A	L	E	N	D	E	R	C	V	I	H	M	I
C	D	V	N	Y	Z	K	P	Q	Z	M	D	J	Q	Z
O	I	G	R	P	D	Z	X	H	R	C	J	K	O	T

APRIL
AUGUST
ÅR
KALENDER
SØNDAG
JANUAR
FEBRUAR
TORSDAG
JULI
JUNI
MANDAG
TIRSDAG
MÅNED
ONSDAG
NOVEMBER
OKTOBER
LØRDAG
UKE
SEPTEMBER
FREDAG

64 - Biología

B	F	O	S	S	Z	L	X	Z	A	K	J	W	S	I
A	O	S	C	Y	E	U	G	I	L	R	U	T	A	N
K	T	M	N	M	N	R	N	N	N	O	M	R	O	H
T	O	O	P	B	Z	G	L	F	V	M	H	E	P	P
E	S	S	M	I	Y	U	I	N	J	O	F	E	A	R
R	Y	E	V	O	M	F	T	W	U	S	P	Q	T	O
I	N	S	N	S	N	U	P	E	G	O	H	A	T	T
E	T	P	O	E	L	L	E	C	M	M	G	P	E	E
F	E	A	J	N	G	G	R	Y	G	B	P	G	D	I
G	S	N	S	M	E	A	K	U	M	U	R	U	Y	N
F	E	Y	U	P	L	R	L	Q	D	V	G	Y	R	S
J	W	S	L	V	D	R	V	L	H	T	L	Z	O	Q
N	I	M	O	T	A	N	A	E	O	V	Y	Q	J	H
P	A	N	V	N	E	V	R	O	N	K	E	X	I	Y
O	W	S	E	M	U	T	A	S	J	O	N	C	K	I

ANATOMI
BAKTERIE
CELLE
KOLLAGEN
KROMOSOM
EMBRYO
ENZYM
EVOLUSJON
FOTOSYNTESE
HORMON
PATTEDYR
MUTASJON
NATURLIG
NERVE
NEVRON
OSMOSE
PROTEIN
REPTIL
SYMBIOSE
SYNAPSE

65 - Jardinería

S	K	I	T	T	B	B	E	B	U	K	E	T	T	X
B	R	D	C	E	L	L	G	I	L	E	S	I	P	S
E	E	I	D	H	O	O	A	R	T	S	L	E	T	F
H	V	K	M	G	M	M	H	P	S	R	N	K	X	O
O	V	R	U	I	S	S	T	I	O	N	J	S	G	R
L	Ø	L	A	T	T	T	K	U	P	P	W	O	W	W
D	L	R	O	K	R	E	U	J	M	A	A	T	A	H
E	C	N	F	U	E	R	R	J	O	H	B	I	J	V
R	M	M	X	F	Z	G	F	V	K	Q	J	S	X	A
Z	S	H	B	K	S	I	N	A	T	O	B	K	N	N
B	H	K	L	K	L	I	M	A	L	I	U	E	B	N
I	F	N	A	D	P	R	P	R	L	H	T	Z	B	O
W	I	V	D	R	O	J	O	K	F	S	H	V	T	A
S	E	S	O	N	G	M	E	S	S	I	G	V	M	L
P	S	G	F	E	K	C	A	B	B	Z	N	F	U	D

VANN
BOTANISK
KLIMA
SPISELIG
KOMPOST
BEHOLDER
ART
SESONGMESSIG
EKSOTISK
BLOMSTRE
BLOMSTER
LØVVERK
BLAD
FRUKTHAGE
FUKTIGHET
SLANGE
BUKETT
FRØ
SKITT
JORD

66 - Barbacoas

V	N	K	Ø	L	S	A	L	A	T	E	R	J	T	C
A	R	P	K	L	U	P	E	P	P	E	R	K	G	T
R	Y	B	Z	I	A	N	R	A	B	L	E	R	G	N
M	Z	S	T	P	S	V	S	W	I	L	M	U	D	D
T	E	B	W	S	L	K	X	J	N	I	M	U	A	O
T	O	M	A	T	E	R	Y	P	C	R	O	Q	O	N
K	L	W	T	L	O	I	X	L	S	G	S	T	B	M
U	U	A	A	U	G	S	B	W	L	S	G	E	M	I
R	K	F	S	S	U	C	L	T	G	I	H	U	U	D
F	K	N	I	V	E	R	T	B	E	T	N	V	S	D
D	E	E	I	T	M	A	Y	Z	G	D	Z	G	I	A
W	G	R	Ø	N	N	S	A	K	E	R	C	N	K	G
B	J	H	P	T	V	C	W	T	P	A	M	L	K	V
H	R	R	L	Y	X	F	A	M	I	L	I	E	P	H
Y	R	T	E	C	B	P	O	B	T	V	I	T	P	E

LUNSJ
VARMT
LØK
MIDDAG
KNIVER
SALATER
FAMILIE
FRUKT
SULT
SPILL

MUSIKK
BARN
GRILLE
PEPPER
KYLLING
SALT
SAUS
TOMATER
SOMMER
GRØNNSAKER

67 - Ropa

S	A	N	D	A	L	E	R	S	W	W	J	T	B	S
U	K	W	T	H	B	S	D	D	R	D	R	W	E	M
S	P	J	J	R	A	U	S	K	J	Ø	R	T	L	Y
H	K	P	O	J	I	L	X	T	F	E	W	B	T	K
J	U	J	E	L	C	B	G	E	N	S	E	R	E	K
S	A	V	O	A	E	D	A	D	S	P	N	J	K	E
K	A	K	I	R	V	U	E	E	L	K	R	O	F	R
O	J	U	K	Y	T	A	V	J	S	K	J	E	R	F
F	M	F	E	E	E	E	S	K	U	B	Q	T	E	Q
F	R	A	K	K	W	V	A	S	U	T	Y	O	K	X
A	R	M	B	Å	N	D	M	L	P	C	M	M	S	D
Z	W	U	R	K	C	R	A	A	P	B	Z	V	N	X
Y	H	V	L	F	F	W	J	H	F	J	P	V	A	O
H	A	T	T	N	E	A	Y	Z	V	E	Q	D	H	Z
M	J	Q	M	O	D	A	P	V	X	D	X	B	K	N

FRAKK
BLUSE
SKJERF
SKJORTE
JAKKE
BELTE
HALSKJEDE
FORKLE
SKJØRT
HANSKER
SMYKKER
MOTE
BUKSE
PYJAMAS
ARMBÅND
SANDALER
HATT
GENSER
KJOLE
SKO

68 - Meditación

L	F	V	S	T	I	L	L	H	E	T	S	J	M	R
A	G	Ø	K	J	A	S	R	G	P	Y	D	R	E	F
T	K	N	L	R	R	M	T	C	B	U	E	H	N	R
K	A	S	T	E	H	G	I	L	N	N	E	V	T	E
L	K	K	E	H	L	N	P	R	X	R	U	W	A	D
A	O	S	K	P	X	S	R	P	K	B	I	R	L	N
R	R	I	K	N	T	I	E	T	S	U	P	B	N	H
H	Y	N	I	R	E	A	Z	R	E	K	N	A	T	A
E	V	N	S	N	H	M	H	O	L	D	N	I	N	G
T	J	R	U	T	A	N	L	F	Z	N	S	R	G	B
T	S	Z	M	F	Q	J	D	I	X	T	G	O	L	W
B	E	V	E	G	E	L	S	E	G	Y	M	L	M	K
P	E	R	S	P	E	K	T	I	V	H	J	I	B	A
O	B	S	E	R	V	A	S	J	O	N	E	G	D	Q
G	W	M	E	D	F	Ø	L	E	L	S	E	T	G	S

AKSEPT
VENNLIGHET
ROLIG
KLARHET
MEDFØLELSE
FØLELSER
TAKKNEMLIGHET
MENTAL
SINN
BEVEGELSE
MUSIKK
NATUR
OBSERVASJON
FRED
TANKER
PERSPEKTIV
HOLDNING
PUSTE
STILLHET

69 - Libros

D	E	O	A	W	N	L	D	A	Z	H	K	D	B	Y
N	I	V	P	K	K	C	O	T	X	I	O	S	T	Z
W	R	K	B	P	T	Q	L	P	U	S	N	K	I	D
X	E	S	T	H	F	U	B	V	H	T	T	U	R	B
S	S	I	E	U	C	I	E	B	J	O	E	F	F	M
N	K	R	V	C	M	F	N	L	E	R	K	X	T	X
R	Z	O	E	Z	T	U	P	N	L	I	S	E	O	P
Æ	U	T	R	E	S	E	L	Z	S	E	T	J	W	E
R	J	S	K	S	I	T	S	I	R	O	M	U	H	V
E	D	I	S	P	O	W	F	D	N	A	M	O	R	E
T	C	H	R	P	Y	S	A	M	L	I	N	G	Q	N
T	E	T	I	L	A	U	D	K	S	I	G	A	R	T
I	F	O	R	T	E	L	L	E	R	M	V	T	C	Y
L	F	O	R	F	A	T	T	E	R	N	Z	B	Y	R
Q	X	B	F	F	M	S	J	N	Z	C	A	M	Q	J

FORFATTER
EVENTYR
SAMLING
KONTEKST
DUALITET
SKREVET
HISTORIE
HISTORISK
HUMORISTISK
OPPFINNSOM
LESER
LITTERÆR
FORTELLER
ROMAN
SIDE
AKTUELL
DIKT
POESI
SERIE
TRAGISK

70 - Los Medios de Comunicación

A	T	A	A	R	U	T	D	A	N	N	I	N	G	F
X	L	N	V	A	M	A	G	A	S	I	N	E	R	I
E	J	A	I	D	Q	W	S	H	A	P	L	X	B	N
K	O	O	S	I	G	I	L	T	N	E	F	F	O	A
F	O	Z	E	O	M	Y	A	L	A	K	O	L	J	N
A	A	M	R	O	N	E	P	A	W	Z	Q	H	Y	S
K	I	U	M	W	Z	O	N	T	E	J	I	W	A	I
T	T	Y	E	E	I	W	F	I	O	H	P	G	N	E
A	V	W	J	Q	R	E	T	G	N	N	C	X	Z	R
B	I	L	D	E	R	S	W	I	Q	G	L	Y	K	I
U	T	G	A	V	E	W	I	D	H	O	N	I	M	N
I	N	D	U	S	T	R	I	E	N	O	V	R	N	G
N	E	T	T	V	E	R	K	Z	L	S	W	J	V	E
H	O	L	D	N	I	N	G	E	R	L	S	Q	O	U
K	O	M	M	U	N	I	K	A	S	J	O	N	Q	L

HOLDNINGER
KOMMERSIELL
KOMMUNIKASJON
DIGITALT
UTGAVE
UTDANNING
ONLINE
FINANSIERING
BILDER
FAKTA
INDUSTRI
LOKAL
MENING
AVISER
OFFENTLIG
RADIO
NETTVERK
MAGASINER
TV

71 - Nutrición

A	Q	L	V	B	F	E	N	S	V	X	K	W	S	G
H	E	L	S	E	I	D	I	M	V	H	A	Z	P	J
H	S	D	G	D	G	T	W	A	T	N	R	S	I	Æ
F	H	C	N	C	I	I	T	K	C	B	B	N	S	R
R	I	A	V	U	U	E	Y	E	F	U	O	Æ	E	I
G	I	F	T	L	V	H	T	R	R	C	H	R	L	N
L	Y	M	T	V	E	K	T	T	P	E	Y	I	I	G
V	A	N	E	R	E	D	S	A	U	S	D	N	G	K
W	J	Z	D	T	E	S	U	N	N	S	R	G	V	A
T	W	W	X	J	U	S	Q	B	K	H	A	S	I	L
U	U	Y	B	Y	L	P	N	X	X	T	T	S	T	O
K	V	A	L	I	T	E	T	A	N	Y	E	T	A	R
R	K	Z	Z	A	I	H	P	K	L	B	R	O	M	I
P	R	O	T	E	I	N	E	R	B	A	V	F	I	E
U	A	P	P	E	T	I	T	T	L	U	B	F	N	R

BITTER
APPETITT
KVALITET
KALORIER
KARBOHYDRATER
SPISELIG
DIETT
BALANSERT
GJÆRING
VANER
NÆRINGSSTOFF
VEKT
PROTEINER
SMAK
SAUS
HELSE
SUNN
GIFT
VITAMIN

72 - Edificios

C	U	R	F	F	G	A	R	A	S	J	E	K	E	M
D	E	K	R	A	M	R	E	P	U	S	G	F	G	U
L	M	U	Q	B	I	Z	H	S	R	E	G	Y	R	I
E	U	X	D	R	Å	G	Q	P	I	X	T	S	E	R
I	S	M	U	I	R	O	T	A	V	R	E	S	B	O
L	E	L	N	K	E	H	T	S	X	N	H	R	R	T
I	U	I	A	K	T	D	O	I	K	K	U	C	E	A
G	M	N	Q	M	A	I	L	S	E	O	H	C	H	R
H	R	M	M	E	E	G	S	P	K	L	L	B	V	O
E	P	B	Q	Z	T	B	X	B	N	N	Å	E	O	B
T	J	H	S	Y	K	E	H	U	S	A	P	V	V	A
A	M	B	A	S	S	A	D	E	T	Å	R	N	E	L
S	T	A	D	I	O	N	L	K	I	N	O	F	D	A
U	N	I	V	E	R	S	I	T	E	T	K	A	N	Q
T	G	X	E	L	V	H	O	T	E	L	L	T	T	K

HERBERGE
LEILIGHET
SLOTT
KINO
AMBASSADE
SKOLE
STADION
FABRIKK
GARASJE
LÅVE

GÅRD
SYKEHUS
HOTELL
LABORATORIUM
MUSEUM
OBSERVATORIUM
SUPERMARKED
TEATER
TÅRN
UNIVERSITET

73 - Océano

T	C	U	B	Q	E	S	G	Z	D	M	S	H	J	S
U	R	X	Y	W	Y	T	M	D	E	Q	H	R	R	U
N	S	L	E	H	G	O	Å	O	L	A	V	H	V	M
F	A	W	S	E	C	R	W	L	F	M	D	A	I	Z
I	L	X	L	R	P	M	H	A	I	G	S	C	H	Q
S	T	E	N	A	M	T	Y	Z	N	B	J	M	Z	C
K	A	X	N	L	D	F	N	V	Y	Å	W	C	B	Q
O	M	M	A	A	L	G	E	R	R	T	N	Z	F	J
A	G	I	V	E	R	A	S	E	K	E	F	I	S	K
Q	H	O	E	B	B	A	R	K	R	X	K	U	C	R
B	P	M	D	A	E	R	E	O	P	M	C	E	H	H
J	H	A	I	U	O	D	T	E	K	S	V	A	M	P
S	O	X	T	U	R	P	S	K	K	E	L	B	N	W
M	D	T	J	Y	L	I	Ø	B	U	X	C	W	E	E
S	K	I	L	P	A	D	D	E	N	A	C	V	H	M

ALGER
ÅL
REV
TUNFISK
HVAL
BÅT
REKE
KRABBE
KORALL
DELFIN
SVAMP
TIDEVANN
MANET
ØSTERS
FISK
BLEKKSPRUT
SALT
HAI
STORM
SKILPADDE

74 - Ciudad

Z	T	N	A	R	U	A	T	S	E	R	Z	N	N	U
N	E	S	S	A	L	P	Y	L	F	N	D	V	M	N
I	A	B	B	Z	U	G	G	A	L	L	E	R	I	I
L	T	E	I	A	K	I	N	O	X	H	K	S	L	V
U	E	X	D	B	K	E	T	O	P	A	R	T	E	E
N	R	M	W	L	L	E	T	O	H	L	A	A	D	R
Z	K	J	M	A	N	I	R	Y	Z	F	M	D	N	S
K	L	I	N	I	K	K	O	I	S	H	R	I	A	I
K	W	Y	B	X	Z	Y	Y	T	D	E	E	O	H	T
I	D	Y	R	E	H	A	G	E	E	J	P	N	K	E
T	E	B	S	S	C	D	W	I	K	K	U	V	O	T
U	Z	R	T	K	V	N	P	W	R	M	S	S	B	K
B	V	X	P	W	O	I	Y	V	A	E	K	J	A	Y
Z	O	S	T	E	G	L	M	H	M	D	J	A	N	C
M	U	S	E	U	M	B	E	A	V	H	M	L	K	D

FLYPLASSEN
BANK
BIBLIOTEK
KINO
KLINIKK
SKOLE
STADION
APOTEK
GALLERI
HOTELL
BOKHANDEL
MARKED
MUSEUM
BAKERI
RESTAURANT
SUPERMARKED
TEATER
BUTIKK
UNIVERSITET
DYREHAGE

75 - Agronomía

P	A	K	S	N	E	T	I	V	E	D	X	T	A	Ø
N	S	Y	C	Q	N	J	K	O	F	L	K	W	H	K
P	Y	H	B	Z	E	K	U	R	B	D	N	A	L	O
L	K	F	W	E	R	O	D	G	V	V	W	G	H	L
A	D	S	R	Z	G	D	L	A	Ø	J	L	I	M	O
N	O	T	Z	Ø	I	A	Y	N	Z	Y	A	Y	T	G
T	M	U	C	L	E	T	R	I	A	B	N	R	X	I
E	M	D	R	E	M	E	T	S	Y	S	D	M	K	H
R	E	E	X	S	H	U	O	K	K	N	L	H	W	O
V	R	R	Z	D	V	E	K	S	T	K	I	Z	N	P
N	A	E	I	Ø	I	S	J	I	I	L	G	G	G	O
Q	U	N	O	J	P	R	O	D	U	K	S	J	O	N
Y	O	M	N	G	N	I	S	N	E	R	U	R	O	F
O	E	R	O	S	J	O	N	P	A	A	K	X	E	W
B	Æ	R	E	K	R	A	F	T	I	G	H	R	Y	I

LANDBRUK
VANN
VITENSKAP
FORURENSING
VEKST
ØKOLOGI
ENERGI
SYKDOMMER
EROSJON
STUDERE
GJØDSEL
MILJØ
ORGANISK
PLANTER
PRODUKSJON
LANDLIG
FRØ
SYSTEMER
BÆREKRAFTIG

76 - Actividades y Ocio

P	T	K	G	O	F	C	S	M	I	G	M	Z	B	Z
I	H	U	N	C	I	A	U	I	K	L	K	U	K	D
F	Y	V	I	Q	S	M	R	G	N	I	S	K	O	B
J	C	L	M	G	K	P	F	B	H	N	A	F	K	X
I	C	N	M	C	E	I	I	B	X	N	E	O	Y	Q
X	V	Z	Ø	G	Q	N	N	I	L	N	W	T	X	F
E	Z	U	V	C	X	G	G	R	Y	D	X	T	J	X
G	A	V	S	L	A	P	P	E	N	D	E	U	M	V
O	B	A	S	E	B	A	L	L	Z	K	S	R	L	W
L	L	A	B	T	E	K	S	A	B	B	N	E	G	Y
F	O	K	U	N	S	T	B	M	O	X	A	R	Z	N
S	H	O	P	P	I	N	G	D	Y	K	K	I	N	G
N	W	K	D	I	E	B	R	A	E	G	A	H	B	F
G	Y	W	N	W	R	H	G	I	A	F	Z	F	U	E
Q	Y	F	O	T	B	A	L	L	C	B	B	L	D	J

KUNST
BASKETBALL
BASEBALL
BOKSING
DYKKING
CAMPING
SHOPPING
FOTBALL
GOLF
HAGEARBEID
SVØMMING
FISKE
MALERI
AVSLAPPENDE
FOTTURER
SURFING
TENNIS
REISE

77 - Ingeniería

D	M	N	H	S	F	R	E	M	D	R	I	F	T	R
Y	A	O	T	B	P	G	H	O	F	D	C	O	Z	H
B	S	J	K	C	Z	A	Z	Z	L	E	V	P	E	E
D	K	S	N	O	J	S	K	U	R	T	S	N	O	K
E	I	U	V	Æ	S	K	E	E	O	E	J	M	E	R
B	N	B	A	R	U	T	K	U	R	T	S	O	D	Y
J	E	I	D	I	A	G	R	A	M	I	B	T	A	T
P	P	R	E	S	K	A	T	Q	H	L	F	O	U	S
R	E	T	E	M	A	I	D	M	D	I	A	R	M	Q
X	V	S	C	G	J	C	V	O	G	B	M	N	U	K
N	J	I	I	E	N	G	X	V	H	A	Å	E	J	Y
C	N	D	N	L	N	I	V	J	P	T	L	E	L	T
E	Q	H	P	K	R	A	N	O	J	S	K	I	R	F
Z	Y	Y	G	P	E	C	M	G	Z	P	U	C	V	Y
E	N	E	R	G	I	L	E	S	E	I	D	T	K	Y

VINKEL
BEREGNING
KONSTRUKSJON
DIAGRAM
DIAMETER
DIESEL
DISTRIBUSJON
AKSER
ENERGI
STABILITET
STRUKTUR
FRIKSJON
STYRKE
VÆSKE
MASKIN
MÅL
MOTOR
SPAKER
DYBDE
FREMDRIFT

78 - Comida #1

V	N	K	B	D	X	U	C	P	M	S	J	W	K	B
Y	S	L	T	X	I	J	E	V	Y	P	O	H	J	A
B	Y	G	G	X	Z	F	H	D	N	I	R	J	Ø	S
H	D	I	K	S	Y	J	R	I	T	N	D	P	T	I
P	I	C	W	J	U	I	C	E	E	A	B	N	T	L
I	L	S	U	P	P	E	M	L	K	T	Æ	K	A	I
K	E	Ø	P	G	Z	M	R	M	Ø	K	R	Q	L	K
P	D	C	K	U	F	I	U	G	L	N	U	C	A	U
I	M	R	S	K	A	N	E	L	T	A	E	S	S	M
U	H	U	I	S	A	L	T	S	I	W	S	P	C	J
P	L	M	F	S	G	P	R	T	V	S	Q	F	E	M
Z	H	L	N	O	R	T	I	S	H	T	S	S	I	C
Z	X	V	U	N	L	M	E	L	K	P	Æ	R	E	K
R	Q	L	T	O	R	L	U	G	G	M	X	K	T	W
Q	Z	E	V	J	M	P	B	C	B	V	K	M	Q	L

HVITLØK
BASILIKUM
TUNFISK
SUKKER
KANEL
KJØTT
BYGG
LØK
SALAT
SPINAT

JORDBÆR
JUICE
MELK
SITRON
MYNTE
NEPE
PÆRE
SALT
SUPPE
GULROT

79 - Antigüedades

R	O	K	P	G	N	I	R	E	T	S	E	V	N	I
A	B	S	W	A	J	U	G	G	A	M	M	E	L	D
S	T	I	L	L	K	F	K	E	A	V	Y	H	A	W
A	E	T	W	L	Y	M	U	P	R	I	S	C	L	S
U	T	N	V	E	V	M	N	L	V	A	D	V	P	U
K	I	E	I	R	J	G	S	Y	B	P	T	G	V	V
S	L	T	T	I	Å	K	T	N	A	G	E	L	E	A
J	A	U	A	I	T	R	E	L	B	Ø	M	A	C	N
O	V	A	R	X	Y	E	H	S	M	I	S	W	H	L
N	K	U	O	H	V	T	H	U	M	O	R	H	O	I
I	F	G	K	W	X	N	C	G	N	Y	F	N	V	G
V	Z	F	E	Y	U	Y	I	V	F	D	K	M	M	R
V	E	R	D	I	P	M	A	H	D	O	R	K	F	M
C	P	S	K	U	L	P	T	U	R	Z	Q	E	E	F
O	A	H	U	T	I	L	S	T	A	N	D	T	T	R

KUNST
AUTENTISK
KVALITET
TILSTAND
DEKORATIV
ELEGANT
SKULPTUR
STIL
GALLERI
UVANLIG
INVESTERING
SMYKKER
MYNTER
MØBLER
PRIS
ÅRHUNDRE
AUKSJON
VERDI
GAMMEL

80 - Literatura

S	A	M	M	E	N	L	I	G	N	I	N	G	K	B
W	H	D	T	T	I	G	R	O	A	T	Q	J	W	E
W	E	J	A	O	S	E	Y	L	N	B	E	T	T	S
D	I	K	T	D	M	G	T	A	A	Z	I	M	O	K
R	I	M	D	K	K	T	M	I	L	U	D	P	A	R
X	V	O	E	E	C	O	E	D	O	T	E	O	U	I
L	R	P	T	N	R	N	N	T	G	P	G	E	M	V
F	E	U	N	A	H	L	Z	K	I	A	A	T	E	E
L	T	T	M	Z	M	Q	E	T	L	Z	R	I	N	L
T	T	M	Z	R	P	E	E	E	V	U	T	S	I	S
N	A	M	O	R	S	O	T	X	R	I	S	K	N	E
I	F	A	R	G	O	I	B	A	O	H	J	J	G	P
A	R	A	N	A	L	Y	S	E	F	J	B	B	O	F
F	O	R	T	E	L	L	E	R	E	O	X	I	U	N
M	F	K	R	M	S	T	I	L	G	Q	R	B	O	E

ANALOGI
ANALYSE
ANEKDOTE
FORFATTER
BIOGRAFI
SAMMENLIGNING
KONKLUSJON
BESKRIVELSE
DIALOG
STIL
METAFOR
FORTELLER
ROMAN
MENING
DIKT
POETISK
RIM
RYTME
TEMA
TRAGEDIE

81 - Química

H	V	Y	N	J	S	X	Q	C	K	V	X	A	A	Y
X	B	A	K	K	A	E	W	D	R	A	X	Q	J	M
M	R	F	R	T	L	X	U	I	V	S	N	I	T	E
H	C	T	F	M	T	X	N	Y	P	Æ	R	U	V	T
Z	H	G	B	Y	E	F	L	O	V	G	S	M	H	A
N	Z	D	W	Z	R	L	R	L	R	O	L	K	Z	L
E	M	I	X	N	Y	H	V	E	K	T	Y	R	E	L
G	U	F	S	E	S	J	I	G	S	F	K	L	B	E
O	K	S	Y	G	E	N	R	T	I	L	E	E	P	R
R	E	A	K	S	J	O	N	Z	L	V	L	R	L	Æ
D	K	A	R	B	O	N	P	I	A	Z	O	I	T	E
Y	G	A	S	S	L	I	W	M	K	R	M	V	C	L
H	Q	K	P	Q	O	H	O	Y	L	I	J	H	U	K
Y	L	Y	H	R	N	P	H	H	A	D	Z	W	W	U
I	O	N	K	A	T	A	L	Y	S	A	T	O	R	N

ALKALISK
SYRE
VARME
KARBON
KATALYSATOR
KLOR
ELEKTRON
ENZYM
GASS
HYDROGEN
ION
VÆSKE
METALLER
MOLEKYL
NUKLEÆR
OKSYGEN
VEKT
REAKSJON
SALT

82 - Gobierno

U	A	V	H	E	N	G	I	G	H	E	T	P	H	D
R	E	T	T	I	G	H	E	T	E	R	E	J	K	J
D	S	M	S	T	J	O	G	C	V	T	F	L	M	F
E	N	V	O	L	A	N	O	J	S	A	N	F	G	R
M	A	O	G	N	I	L	L	I	T	S	E	K	I	L
O	S	L	B	A	U	D	Z	Q	V	C	S	F	L	I
K	J	N	D	T	X	M	I	O	U	S	X	R	S	V
R	O	N	S	T	A	T	E	S	K	E	V	I	T	I
A	N	U	K	F	C	N	E	N	T	B	Z	H	T	S
T	L	R	T	B	D	Z	S	H	T	R	L	E	E	S
I	I	G	L	Q	J	D	M	X	X	D	I	T	R	Y
W	K	W	E	P	O	L	I	T	I	K	K	K	Q	M
A	L	O	D	M	A	G	H	E	W	P	K	R	T	B
P	A	C	E	T	A	L	E	K	S	K	S	S	R	O
T	L	B	R	D	I	S	K	U	S	J	O	N	I	L

SIVIL
GRUNNLOV
DEMOKRATI
RETTIGHETER
TALE
DISKUSJON
DISTRIKT
STAT
LIKESTILLING
UAVHENGIGHET
RETTSLIG
LOV
FRIHET
LEDER
MONUMENT
NASJONAL
NASJON
POLITIKK
SYMBOL

83 - Creatividad

K	U	N	S	T	N	E	R	I	S	K	B	D	V	F
K	U	R	A	U	T	T	R	Y	K	K	N	A	I	A
Y	O	C	X	T	I	Y	R	P	F	C	I	U	S	N
R	J	N	S	F	N	D	C	X	H	F	U	T	J	T
T	L	Y	E	L	M	O	E	G	S	M	S	E	O	A
N	R	X	H	Y	C	M	P	E	O	O	O	N	N	S
N	T	E	A	T	L	Y	G	S	R	S	K	T	E	I
I	N	S	P	I	R	A	S	J	O	N	S	I	R	R
N	T	L	N	O	J	S	I	U	T	N	I	S	E	Z
Y	T	E	T	I	S	N	E	T	N	I	T	I	S	I
V	N	L	H	B	I	L	D	E	A	F	A	T	L	S
T	E	Ø	D	R	N	D	Z	Q	Z	P	M	E	E	E
K	M	F	O	P	A	N	S	Y	N	P	A	T	L	W
G	T	C	S	L	T	L	T	I	G	O	R	O	Ø	A
K	I	K	S	A	P	B	K	W	Q	J	D	J	F	Q

KUNSTNERISK
AUTENTISITET
KLARHET
DRAMATISK
FØLELSER
SPONTAN
UTTRYKK
FLYT
IDEER
BILDE
FANTASI
INNTRYKK
INSPIRASJON
INTENSITET
INTUISJON
OPPFINNSOM
FØLELSE
VISJONER

84 - Filantropía

G	V	R	T	N	G	G	Z	W	Z	N	R	Q	R	S
G	V	E	R	C	L	H	R	M	J	N	H	X	R	A
M	Z	T	G	M	O	I	Æ	U	F	O	L	K	M	M
E	N	K	B	Å	B	S	T	R	P	V	E	B	I	F
N	R	A	B	L	A	T	M	R	L	P	C	L	D	U
N	K	T	Z	L	L	O	C	P	E	I	E	X	L	N
E	I	N	O	C	S	R	M	R	H	N	G	R	E	N
S	Y	O	F	T	T	I	A	O	X	H	G	H	R	E
K	E	K	I	C	N	E	F	G	D	V	R	E	E	T
E	M	I	S	J	O	N	I	R	J	D	O	B	J	T
H	J	M	T	E	C	N	N	A	M	O	D	G	N	U
E	R	S	V	P	V	T	A	M	T	N	Z	L	Z	I
T	Y	M	S	I	P	E	N	M	T	E	I	G	B	R
R	Y	I	G	A	H	J	S	E	A	R	G	L	P	O
B	H	O	I	K	A	I	R	R	X	E	C	P	Z	R

SAMFUNNET
KONTAKTER
DONERE
FINANS
MIDLER
FOLK
GLOBAL
GRUPPER
HISTORIE
ÆRLIGHET
MENNESKEHET
UNGDOM
MÅL
MISJON
TRENGE
BARN
PROGRAMMER

85 - Clima

V	A	T	M	O	S	F	Æ	R	E	K	R	Ø	T	T
I	M	B	R	T	E	M	P	E	R	A	T	U	R	Å
N	I	Z	O	Q	O	B	Z	S	H	H	V	S	X	K
D	L	T	T	E	R	K	L	A	O	I	W	Q	T	E
M	K	C	S	Q	K	R	B	P	W	M	B	R	I	S
O	O	S	K	Y	A	Y	Z	O	Y	M	B	V	X	V
L	X	N	Y	L	N	G	H	L	N	E	N	G	B	N
F	E	E	S	I	D	T	F	A	C	L	T	Ø	R	R
Y	Q	D	E	U	Z	T	D	R	U	S	A	Z	F	I
C	M	R	Q	Y	N	O	T	R	O	P	I	S	K	A
U	J	O	A	B	O	R	V	Y	S	C	L	P	M	D
Q	U	T	J	Y	G	N	V	W	U	Q	V	G	N	V
Z	Y	P	I	T	D	A	Q	N	H	U	T	Z	D	L
K	L	O	Q	R	C	D	D	T	Q	N	G	Q	O	Q
C	Q	L	F	M	S	O	E	W	E	I	S	Y	R	I

ATMOSFÆRE
BRIS
HIMMEL
KLIMA
IS
ORKAN
FLOM
MONSUN
TÅKE
SKY
POLAR
LYN
TØRR
TØRKE
TEMPERATUR
STORM
TORNADO
TROPISK
TORDEN
VIND

86 - Comida #2

W	L	H	Q	D	U	T	U	B	K	Y	K	C	H	Q
E	G	G	B	W	Z	B	W	R	F	O	I	P	Y	V
D	T	I	S	O	H	I	O	Æ	K	G	R	T	G	R
A	A	E	U	R	D	J	N	F	U	H	S	F	U	W
L	R	K	V	M	A	N	D	E	L	U	E	V	N	J
O	T	K	K	H	Z	P	B	G	R	R	B	H	Y	C
K	I	I	I	E	R	F	L	N	G	T	Æ	G	E	O
O	S	S	W	Y	T	D	X	I	I	S	R	K	L	S
J	J	L	I	N	A	U	B	E	R	G	I	N	E	T
S	O	O	O	S	M	L	J	L	O	D	Z	R	N	V
B	K	S	J	C	O	B	S	P	Q	Y	R	I	E	B
L	K	X	D	L	T	D	A	E	U	K	G	I	Z	R
K	Y	L	L	I	N	G	T	N	Q	Y	I	U	R	Ø
S	E	L	L	E	R	I	E	J	A	A	L	U	M	D
P	Y	C	Z	Q	V	Y	N	W	K	N	J	Z	G	U

ARTISJOKK
MANDEL
SELLERI
RIS
AUBERGINE
KIRSEBÆR
SJOKOLADE
SOLSIKKE
EGG
INGEFÆR

KIWI
EPLE
BRØD
BANAN
KYLLING
OST
TOMAT
HVETE
DRUE
YOGHURT

87 - Arte

K	O	M	P	L	E	K	S	K	O	I	S	S	V	U
S	U	J	Y	S	N	N	R	M	R	N	S	K	I	M
I	B	T	K	L	M	S	S	X	I	S	K	U	S	F
M	A	P	T	M	E	D	B	Q	G	P	J	L	U	I
A	L	S	E	R	Ø	M	U	H	I	I	E	P	E	G
R	K	L	I	R	Y	Z	N	E	N	R	N	T	L	U
E	R	Q	P	S	S	K	U	O	A	E	R	U	L	R
K	K	H	B	N	E	O	K	G	L	R	E	R	A	A
C	S	N	T	D	L	W	N	A	N	T	I	B	Z	V
L	E	K	N	E	M	S	I	L	A	E	R	R	U	S
M	P	Æ	I	M	J	I	F	O	I	Z	E	R	O	P
E	O	R	E	L	P	P	P	B	E	G	L	A	W	O
D	F	L	E	D	D	V	Y	M	M	K	A	R	O	E
C	P	I	K	V	G	R	G	Y	R	G	M	J	O	S
S	J	G	C	Z	P	Y	E	S	S	K	A	P	E	I

KERAMISK
KOMPLEKS
SKAPE
SKULPTUR
UTTRYKK
FIGUR
ÆRLIG
HUMØR
INSPIRERT
ORIGINAL
PERSONLIG
MALERIER
POESI
SKILDRE
ENKEL
SYMBOL
SURREALISME
EMNE
VISUELL

88 - Diplomacia

R	I	E	N	T	R	A	K	T	A	T	Y	C	D	A
E	D	A	S	S	A	B	M	A	H	Z	Z	J	I	A
T	M	U	A	M	B	A	S	S	A	D	Ø	R	P	E
T	V	E	D	T	A	K	K	I	T	E	Q	I	L	F
F	R	R	I	J	H	D	W	G	D	R	J	Z	O	Z
E	E	Å	N	L	U	L	B	D	J	F	T	J	M	Y
R	G	D	T	Ø	M	T	E	N	N	U	F	M	A	S
D	J	G	E	S	A	K	E	P	K	U	V	P	T	J
I	E	I	G	N	N	I	K	H	Å	K	S	G	I	T
G	R	V	R	I	I	L	A	E	R	M	P	N	S	W
H	I	E	I	N	T	F	L	D	P	E	J	K	K	H
E	N	R	T	G	Æ	N	O	J	S	U	K	S	I	D
T	G	L	E	U	R	O	S	Q	M	N	J	K	R	I
V	X	H	T	X	K	K	I	T	I	L	O	P	I	X
F	R	E	M	M	E	D	I	E	B	R	A	M	A	S

RÅDGIVER
SAMFUNNET
KONFLIKT
SAMARBEID
DIPLOMATISK
DISKUSJON
AMBASSADE
AMBASSADØR
FREMMED
ETIKK

REGJERING
HUMANITÆR
SPRÅK
INTEGRITET
RETTFERDIGHET
POLITIKK
VEDTAK
SIKKERHET
LØSNING
TRAKTAT

89 - Herboristería

F	E	N	N	I	K	E	L	H	V	S	J	K	K	P
X	F	W	M	U	K	I	L	I	S	A	B	U	I	L
M	S	B	M	A	A	Y	I	G	V	G	V	L	N	A
K	P	O	H	K	M	O	D	R	O	Q	J	I	G	N
S	X	U	N	S	S	L	I	Ø	H	P	P	N	R	T
K	V	A	L	I	T	E	T	N	I	E	Y	A	E	E
J	E	P	Y	T	S	D	W	N	J	R	F	R	D	M
R	S	N	Z	A	M	N	Y	A	I	S	A	I	I	A
C	O	A	R	M	O	E	G	A	H	I	Z	S	E	R
S	C	S	S	O	L	V	M	U	R	L	B	K	N	J
A	H	A	M	R	B	A	Q	Y	F	L	I	K	S	O
N	I	E	K	A	Z	L	T	P	N	E	T	D	T	R
Z	N	U	A	U	R	R	Q	H	N	T	O	S	U	A
S	A	F	R	A	N	I	X	C	A	J	E	L	Y	M
H	V	I	T	L	Ø	K	N	O	G	A	R	T	S	E

HVITLØK
BASILIKUM
AROMATISK
SAFRAN
KVALITET
KULINARISK
DILL
ESTRAGON
BLOMST
FENNIKEL
INGREDIENS
HAGE
LAVENDEL
MARJORAM
MYNTE
PERSILLE
PLANTE
ROSMARIN
SMAK
GRØNN

90 - Energía

F	L	L	P	X	U	P	W	P	A	M	I	I	L	A
O	Q	H	H	B	M	D	S	P	D	Q	O	H	O	L
T	B	L	R	X	R	V	T	I	P	O	R	T	N	E
J	T	H	U	L	E	S	E	I	D	Z	W	V	O	S
T	U	R	B	I	N	X	B	R	E	N	S	E	L	R
E	M	R	A	V	C	P	N	E	G	O	R	D	Y	H
N	L	O	S	J	X	I	R	T	S	U	D	N	I	D
O	U	E	L	R	E	X	E	T	V	I	N	D	X	A
T	A	K	K	M	T	R	R	A	K	O	X	L	G	M
O	B	E	L	T	V	Y	L	B	K	N	W	Z	B	P
F	N	D	G	E	R	A	B	Y	N	R	O	F	E	J
F	L	I	X	O	Æ	O	H	E	G	S	O	S	N	V
K	A	R	B	O	N	R	N	J	B	B	A	O	S	E
T	D	V	E	E	L	E	K	T	R	I	S	K	I	A
F	O	R	U	R	E	N	S	I	N	G	V	W	N	M

BATTERI
VARME
KARBON
BRENSEL
FORURENSING
DIESEL
ELEKTRON
ELEKTRISK
ENTROPI
FOTON

BENSIN
HYDROGEN
INDUSTRI
MOTOR
NUKLEÆR
FORNYBAR
SOL
TURBIN
DAMP
VIND

91 - Especias

H	P	C	S	R	Æ	F	E	G	N	I	R	R	A	K
B	J	Z	M	Q	R	E	T	T	I	B	Z	E	W	U
F	J	P	A	H	T	N	A	R	F	A	S	I	D	U
Q	T	J	K	Ø	L	N	Y	C	E	K	A	N	E	L
U	Z	L	O	M	X	I	L	D	T	P	W	S	R	V
M	U	S	K	A	T	K	N	A	O	S	P	Y	M	A
Q	S	J	X	M	T	E	M	Q	N	X	Ø	E	N	N
O	S	U	R	R	T	L	A	S	R	I	C	T	P	I
S	P	I	S	S	K	U	M	M	E	N	S	K	O	L
D	S	A	X	Q	M	V	H	V	I	T	L	Ø	K	J
L	I	M	N	E	D	J	U	K	U	R	B	H	A	E
S	R	A	Z	W	B	L	F	U	Y	Z	E	E	T	Y
X	K	Y	X	P	J	Z	E	W	B	X	H	S	K	F
P	A	P	R	I	K	A	D	H	T	Y	F	C	U	W
C	L	D	O	F	A	C	D	E	S	N	O	T	I	I

SUR
HVITLØK
BITTER
ANIS
SAFRAN
KANEL
LØK
FEDD
SPISSKUMMEN
KARRI
SØT
FENNIKEL
INGEFÆR
MUSKAT
PAPRIKA
PEPPER
LAKRIS
SMAK
SALT
VANILJE

92 - Emociones

T	K	K	T	E	P	P	A	L	S	V	A	U	D	R
P	J	J	V	G	I	L	M	E	N	K	K	A	T	O
L	E	Æ	J	I	P	Z	I	T	E	D	T	L	V	T
Y	D	R	B	L	V	L	T	T	G	V	Q	F	E	R
K	S	L	K	O	O	I	A	E	D	E	L	G	N	I
K	O	I	S	R	F	S	P	L	U	F	I	Y	N	S
S	M	G	P	I	K	R	M	S	A	O	O	Q	L	T
A	H	H	E	X	N	I	Y	E	Z	R	J	B	I	H
L	E	E	C	V	W	N	S	K	B	N	A	K	G	E
I	T	T	N	E	R	F	E	G	T	Ø	P	S	H	T
G	I	N	N	H	O	L	D	P	I	Y	W	X	E	C
H	U	R	E	W	O	A	E	I	J	D	F	T	T	W
E	S	L	E	K	S	A	R	R	E	V	O	L	Z	U
T	G	Z	V	W	X	N	F	O	T	Ø	M	H	E	T
V	D	O	C	X	U	H	G	O	C	A	Q	V	N	R

KJEDSOMHET
TAKKNEMLIG
GLEDE
LETTELSE
KJÆRLIGHET
FLAU
LYKKSALIGHET
VENNLIGHET
ROLIG
INNHOLD
SINNE
FRYKT
FRED
AVSLAPPET
FORNØYD
SYMPATI
OVERRASKELSE
ØMHET
RO
TRISTHET

93 - Universo

T	A	T	M	O	S	F	Æ	R	E	N	A	B	B	Q
S	E	D	I	O	R	E	T	S	A	O	O	Y	U	D
Y	K	L	S	O	L	V	E	R	V	G	H	X	D	E
N	R	T	E	L	E	N	G	D	E	G	R	A	D	K
L	Ø	M	Y	S	C	X	T	N	X	K	A	L	H	V
I	M	P	R	U	K	H	I	M	M	E	L	A	O	A
G	D	D	P	A	P	O	H	Y	M	M	O	G	R	T
A	H	M	S	Z	B	J	P	D	X	X	S	K	I	O
D	S	I	M	O	N	O	R	T	S	A	W	O	S	R
I	E	T	M	H	A	L	V	K	U	L	E	S	O	V
F	T	U	R	M	F	Y	A	I	J	Y	U	M	N	J
L	I	P	N	O	E	O	G	A	S	V	E	I	T	Y
O	X	F	I	S	N	L	R	W	S	P	M	S	D	N
Z	C	C	U	B	Å	O	S	Y	I	D	R	K	Y	V
K	L	E	D	E	M	I	M	K	W	F	A	W	U	N

ASTEROIDE
ASTRONOMI
ASTRONOM
ATMOSFÆRE
HIMMELSK
HIMMEL
KOSMISK
EKVATOR
GALAXY
HALVKULE
HORISONT
LENGDEGRAD
MÅNE
MØRKE
BANE
SOLAR
SOLVERV
TELESKOP
SYNLIG

94 - Jazz

T	S	I	N	O	P	M	O	K	K	I	N	K	E	T
L	R	I	M	P	R	O	V	I	S	A	S	J	O	N
F	A	O	O	R	K	E	S	T	E	R	R	V	J	D
Y	K	X	M	H	P	W	Q	M	W	E	Y	N	T	V
Z	G	J	U	M	B	G	D	Ø	P	G	T	K	A	R
F	N	F	B	K	E	T	D	R	P	N	M	U	L	Q
K	A	X	L	K	O	R	E	E	B	A	E	E	E	H
U	S	V	A	U	H	I	S	B	H	J	D	X	N	S
N	C	J	O	Z	H	E	M	N	A	S	Z	W	T	P
S	G	S	S	R	L	F	U	R	Y	P	U	V	L	G
T	A	X	V	U	I	M	U	S	I	K	K	O	Z	R
N	M	A	E	C	T	T	W	T	Y	S	D	A	Y	M
E	M	F	Q	D	S	S	T	K	O	N	S	E	R	T
R	E	X	I	O	X	I	L	E	X	A	K	Y	J	M
X	L	H	L	T	K	C	D	V	R	U	M	J	B	W

KUNSTNER
ALBUM
SANG
KOMPONIST
KONSERT
STIL
VEKT
BERØMT
FAVORITTER
SJANGER
IMPROVISASJON
MUSIKK
NY
ORKESTER
RYTME
TALENT
TROMMER
TEKNIKK
GAMMEL

95 - Mediciones

U	D	O	K	Y	W	M	R	D	A	R	G	M	J	J
V	K	U	L	A	D	C	P	E	D	G	N	E	L	Q
V	E	S	N	U	N	G	X	S	Y	N	F	M	N	N
P	O	K	B	Y	T	E	P	I	B	Q	R	M	T	H
M	R	E	T	E	M	U	X	M	D	H	L	O	O	Z
F	R	E	S	S	A	M	U	A	E	T	Ø	T	N	M
M	G	N	T	K	E	B	O	L	I	K	C	Y	N	L
V	L	B	R	E	D	D	E	L	I	T	E	R	D	K
C	P	L	N	R	M	U	L	O	V	H	F	W	O	E
Z	Z	P	F	H	A	I	T	X	T	Q	P	U	R	G
M	T	F	Z	E	R	E	T	E	M	O	L	I	K	M
V	B	H	O	B	G	J	U	N	R	A	G	M	M	H
T	Y	J	N	P	N	K	N	J	E	F	M	S	G	M
R	E	L	W	C	K	G	I	E	V	C	G	P	C	E
C	D	V	H	H	J	S	M	Y	B	F	L	Z	J	E

HØYDE
BREDDE
BYTE
CENTIMETER
DESIMAL
GRAD
GRAM
KILO
KILOMETER
LITER
LENGDE
MASSE
METER
MINUTT
UNSE
VEKT
DYBDE
TOMME
TONN
VOLUM

96 - Barcos

P	V	S	I	Z	M	M	P	K	F	R	C	Q	S	Y
A	N	L	H	X	F	O	L	H	V	M	R	K	E	K
K	D	B	T	B	P	Z	A	N	L	A	U	A	I	C
S	J	Ø	M	A	N	N	T	G	E	S	H	J	L	F
N	D	B	N	N	A	V	E	D	I	T	A	A	B	W
N	I	Ø	J	S	N	N	I	T	A	O	F	K	Å	K
A	F	L	F	L	Å	T	E	A	Q	H	P	K	T	M
M	C	G	G	C	Y	P	A	U	X	U	H	S	L	A
M	E	E	J	R	E	F	L	W	I	F	K	I	D	R
L	U	R	Y	Y	A	C	H	T	W	A	W	T	Q	I
F	F	O	L	Ø	A	N	K	E	R	J	Y	U	A	T
X	Y	T	F	P	B	K	A	N	O	T	D	A	J	I
S	R	O	E	V	L	I	X	U	J	D	K	N	S	M
A	W	M	T	C	U	N	C	R	N	E	O	G	I	X
H	O	H	F	M	Q	F	Y	D	T	G	S	P	X	T

ANKER
FLÅTE
BØYE
KANO
TAU
FERJE
KAJAKK
INNSJØ
HAV
TIDEVANN
SJØMANN
MARITIM
MAST
MOTOR
NAUTISK
BØLGER
ELV
MANNSKAP
SEILBÅT
YACHT

97 - Antártida

E	L	F	C	B	M	I	G	R	A	S	J	O	N	D
K	N	G	I	L	E	P	A	K	S	N	E	T	I	V
S	F	N	U	Y	Ø	V	L	A	H	H	O	X	V	P
P	U	Z	V	R	U	T	A	R	E	P	M	E	T	I
E	G	R	W	X	C	O	C	R	T	I	L	V	N	N
D	L	L	H	S	W	V	X	F	I	H	J	A	E	G
I	E	R	E	Y	Ø	I	S	P	N	N	L	N	N	V
S	R	E	L	A	R	E	N	I	M	E	G	N	I	I
J	L	E	G	E	O	G	R	A	F	I	Y	S	T	N
O	P	R	K	L	B	B	C	B	B	K	B	S	N	E
N	T	B	H	S	A	W	U	J	U	G	M	K	O	R
H	W	S	W	U	R	W	G	K	E	Q	X	Y	K	E
T	Y	I	F	D	E	O	N	T	T	O	N	E	L	R
Q	W	Z	G	Q	Q	B	F	Q	F	O	K	R	X	T
S	T	E	I	N	E	T	E	I	C	L	T	S	Z	R

VANN
BUKT
VITENSKAPELIG
BEVARING
KONTINENT
EKSPEDISJON
GEOGRAFI
ISBREER
IS
FORSKER
ØYER
MIGRASJON
MINERALER
SKYER
FUGLER
HALVØY
PINGVINER
STEINETE
TEMPERATUR

98 - Mamíferos

Z	N	M	N	E	E	H	I	B	I	A	P	B	B	F
Q	N	U	K	E	N	G	U	R	U	K	T	A	O	T
J	K	G	L	Q	U	E	O	S	N	E	S	E	L	A
S	G	L	A	V	H	E	S	T	E	J	W	P	H	W
T	G	U	Y	T	D	T	F	N	S	B	Q	A	T	Z
I	B	R	M	D	B	T	T	A	K	J	R	Y	S	C
W	N	R	C	R	M	T	R	F	O	Z	X	A	B	G
I	X	M	L	N	V	F	F	E	B	H	D	U	J	O
T	K	Z	U	D	K	O	A	L	I	X	U	T	A	R
B	J	Ø	R	N	M	S	D	E	K	A	M	E	L	I
B	E	W	V	U	X	E	E	C	R	E	V	A	J	L
I	L	I	S	H	H	V	L	E	X	U	R	F	L	L
V	N	N	N	A	N	E	F	F	A	R	I	J	S	A
Q	D	E	V	L	U	E	I	R	Æ	R	P	I	E	F
T	L	X	G	B	P	L	N	I	N	A	K	S	S	K

HVAL
ESEL
HEST
KAMEL
KENGURU
SEBRA
KANIN
PRÆRIEULV
DELFIN
ELEFANT
KATT
GORILLA
SJIRAFF
ULV
APE
BJØRN
SAU
HUND
OKSE
REV

99 - Abejas

B	S	O	L	L	G	B	D	W	H	C	T	Y	M	D
T	L	O	C	H	G	I	T	S	N	U	G	V	Y	R
Y	V	O	O	X	C	K	Y	Ø	R	G	K	A	G	O
M	B	O	M	O	C	U	H	O	N	N	I	N	G	N
E	A	S	P	S	S	B	W	V	F	R	U	K	T	N
T	V	T	O	K	T	E	G	I	P	E	T	W	G	I
S	E	P	L	O	H	R	B	N	M	T	U	A	R	N
Y	T	D	L	V	A	M	E	G	E	S	Y	C	P	G
S	Z	C	I	V	G	U	Z	E	F	M	N	I	O	M
O	U	S	N	Q	E	M	O	R	T	O	S	Q	L	I
K	K	Q	A	S	R	Z	N	C	W	L	B	K	L	S
Ø	M	V	T	R	V	H	R	M	F	B	O	A	E	L
G	D	F	O	C	X	E	I	N	S	E	K	T	N	F
I	R	R	R	M	P	S	R	E	T	N	A	L	P	B
I	D	L	O	F	G	N	A	M	I	W	J	A	Q	X

VINGER
GUNSTIG
VOKS
BIKUBE
MAT
MANGFOLD
ØKOSYSTEM
SVERM
BLOMSTRE
BLOMSTER
FRUKT
RØYK
INSEKT
HAGE
HONNING
PLANTER
POLLEN
POLLINATOR
DRONNING
SOL

100 - Psicología

G	M	O	A	H	K	G	E	G	O	Z	K	V	A	F
B	E	V	I	S	S	T	L	Ø	S	K	L	I	P	Ø
E	R	F	A	R	I	N	G	E	R	N	I	R	E	L
E	O	K	O	G	N	I	S	J	O	N	N	K	R	E
A	S	L	E	S	R	Ø	F	P	P	O	I	E	S	L
K	A	S	E	J	O	L	G	M	O	P	S	L	O	S
P	M	F	S	T	E	R	A	P	I	P	K	I	N	E
E	O	T	L	X	M	Z	S	E	T	F	K	G	L	R
I	D	E	E	R	E	K	N	A	T	A	O	H	I	E
L	N	G	L	J	K	L	I	W	K	T	N	E	G	M
Y	R	L	Ø	A	C	I	Y	J	C	N	F	T	H	M
E	A	B	F	K	T	G	U	F	W	I	L	W	E	Ø
A	B	O	X	Q	M	V	A	O	I	N	I	Y	T	R
P	R	O	B	L	E	M	A	A	F	G	K	G	V	D
M	V	U	R	D	E	R	I	N	G	W	T	Z	B	O

AVTALE
KLINISK
KOGNISJON
OPPFØRSEL
KONFLIKT
EGO
FØLELSER
VURDERING
ERFARINGER
IDEER
BEVISSTLØS
BARNDOM
TANKER
OPPFATNING
PERSONLIGHET
PROBLEM
VIRKELIGHET
FØLELSE
DRØMMER
TERAPI

1 - Agua

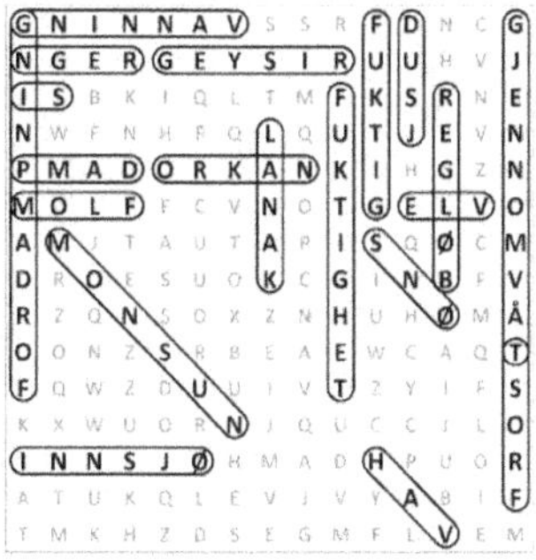

2 - Arqueología

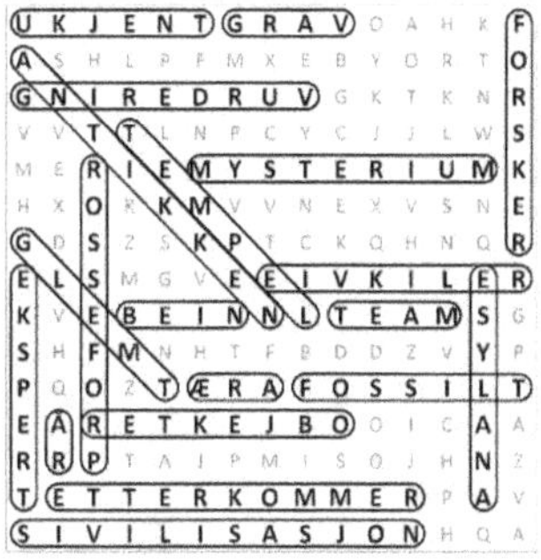

3 - Granja #2

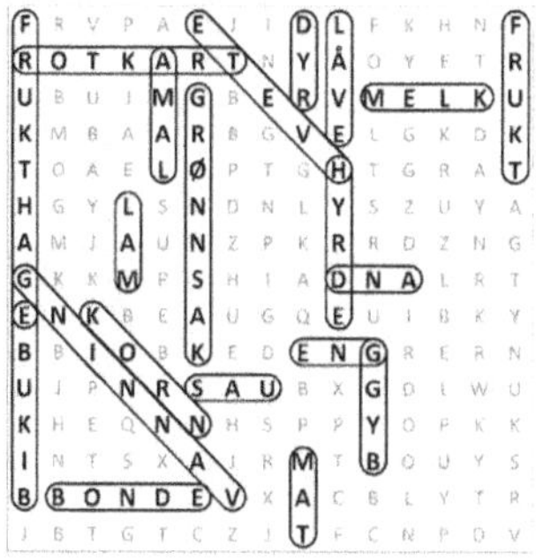

4 - La Empresa

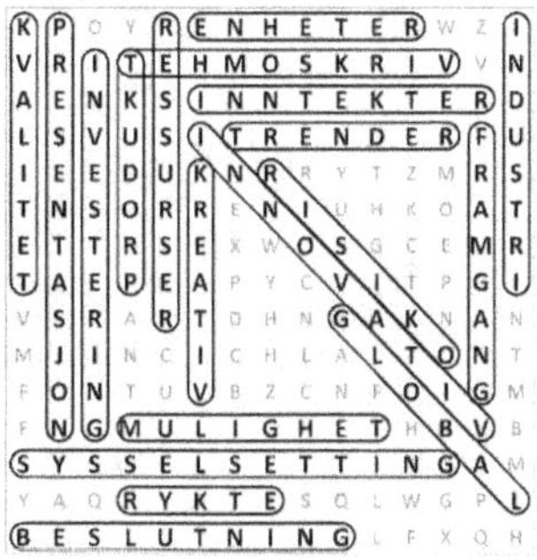

5 - Aviones

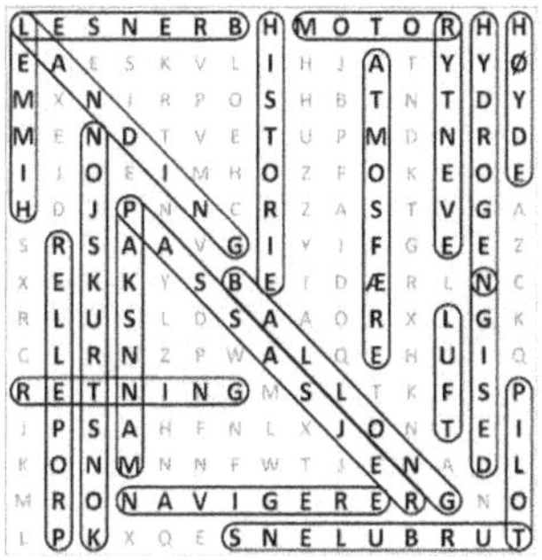

6 - Tipos de Cabello

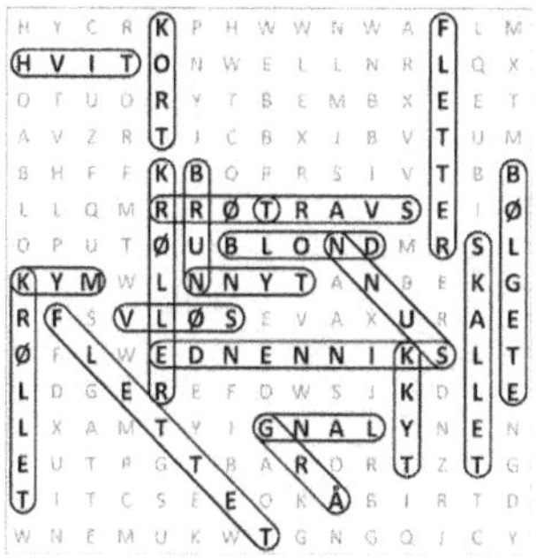

7 - Ciencia Ficción

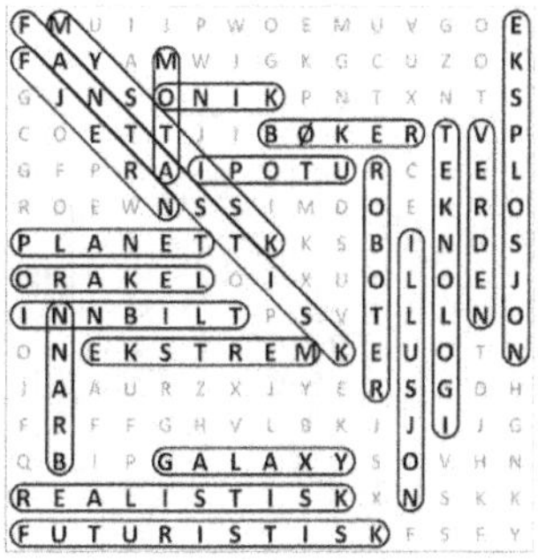

8 - Granja #1

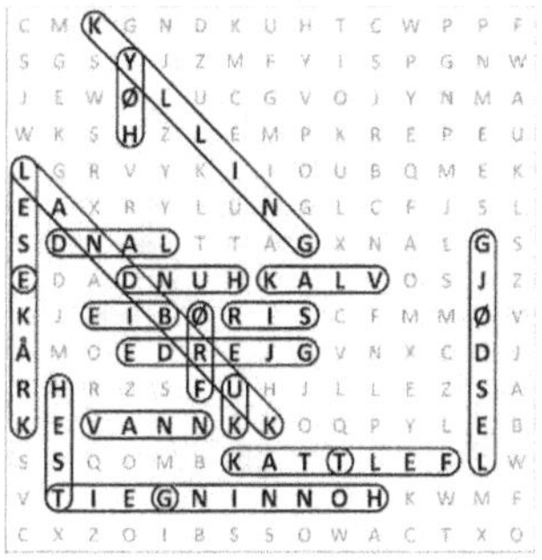

9 - Camping

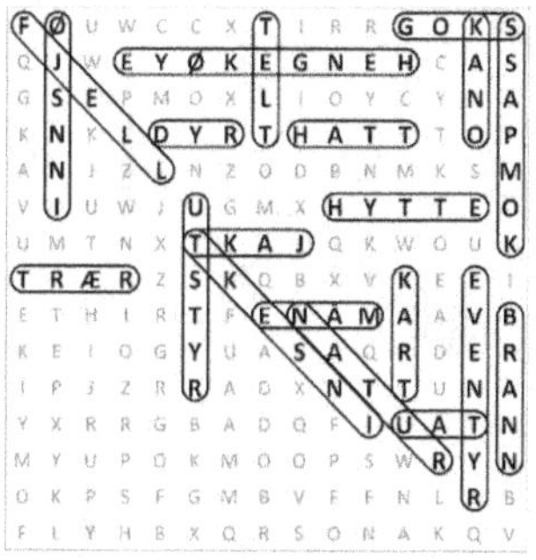

10 - Fruta

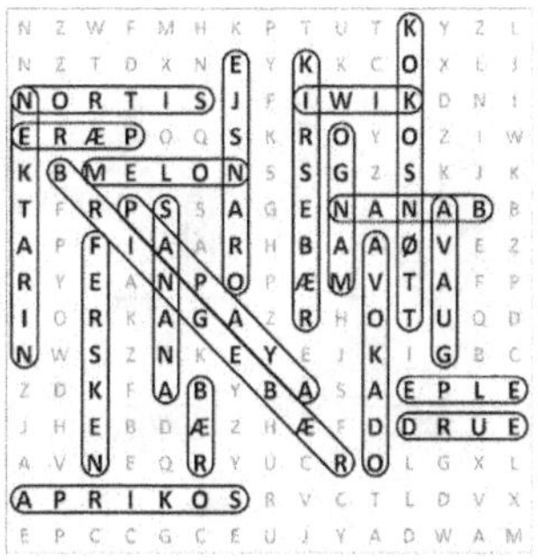

11 - Geología

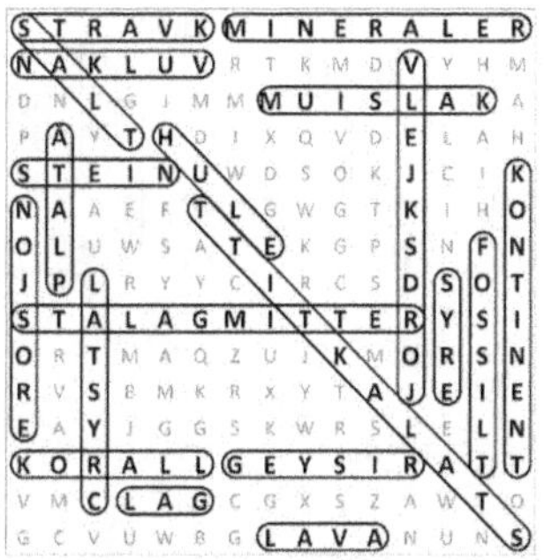

12 - Álgebra

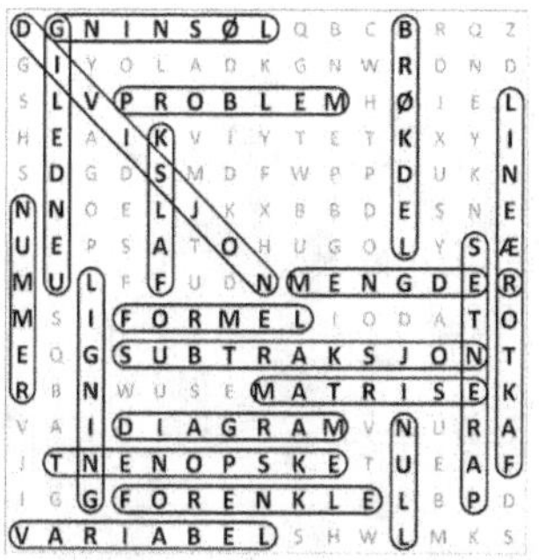

13 - Plantas

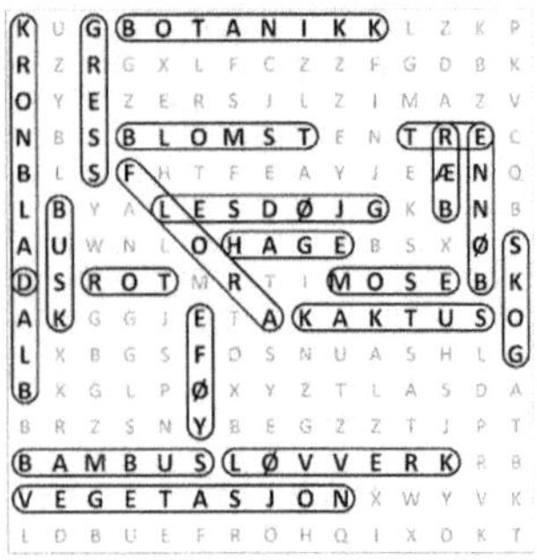

14 - Suministros de Arte

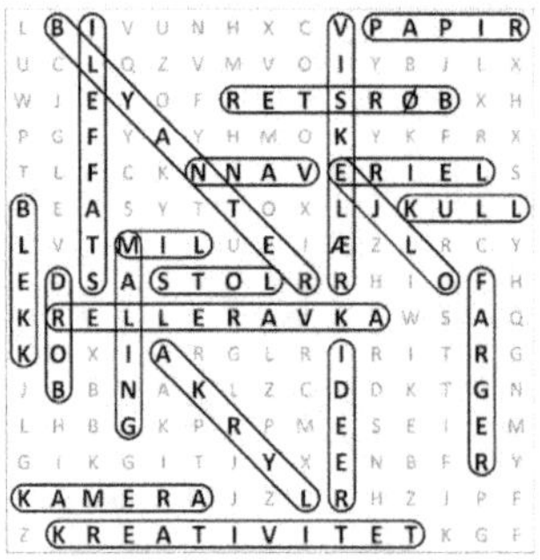

15 - Negocio

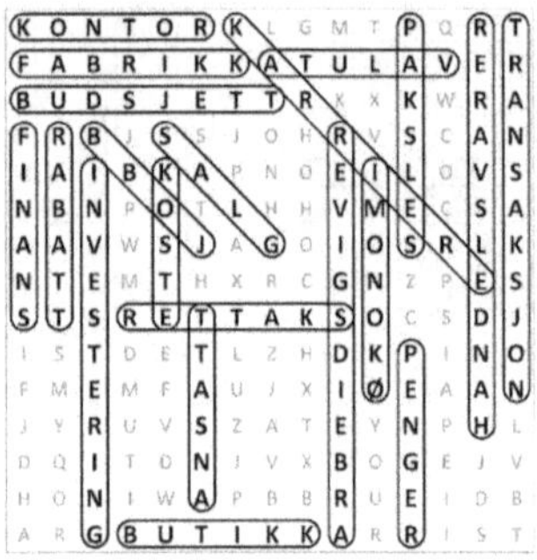

16 - Jardín

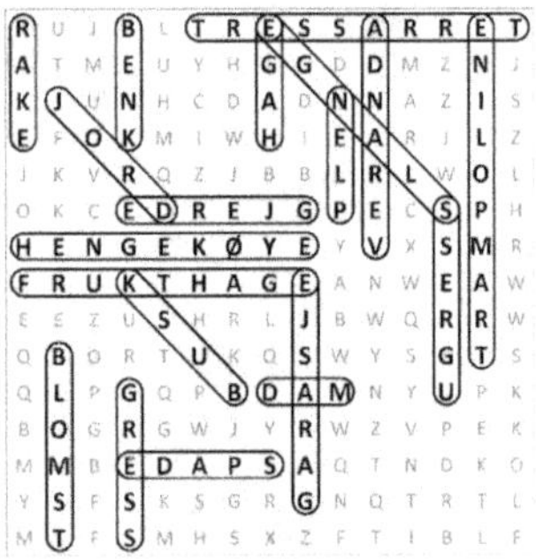

17 - Países #2

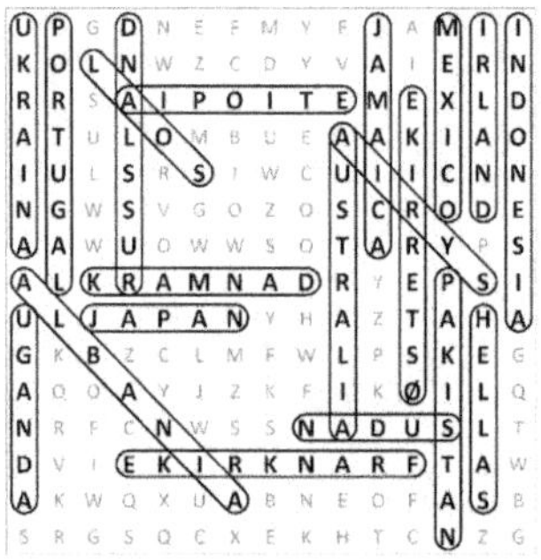

18 - Números

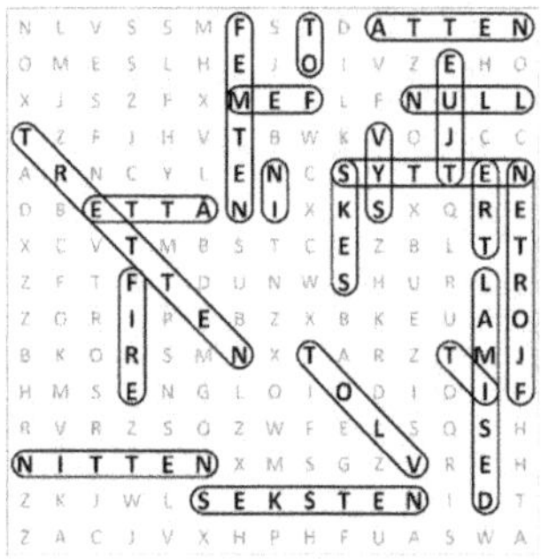

19 - Física

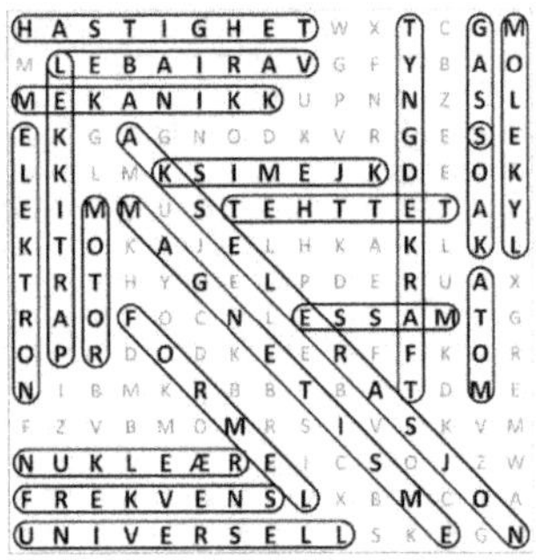

20 - Belleza

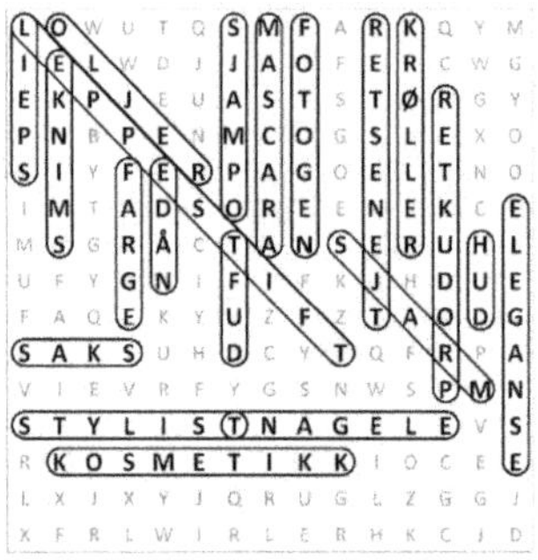

21 - Países #1

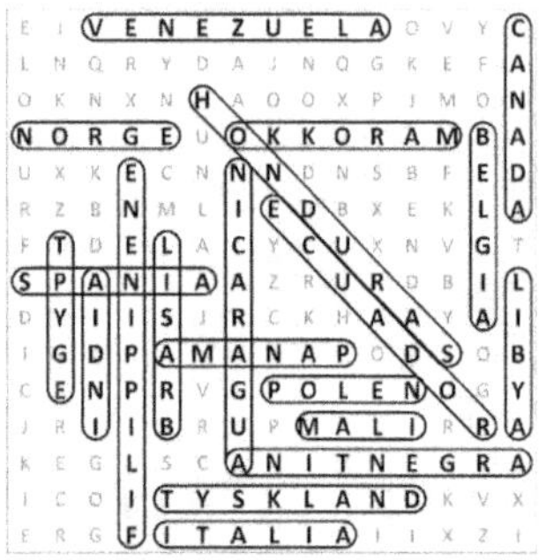

22 - Mitología

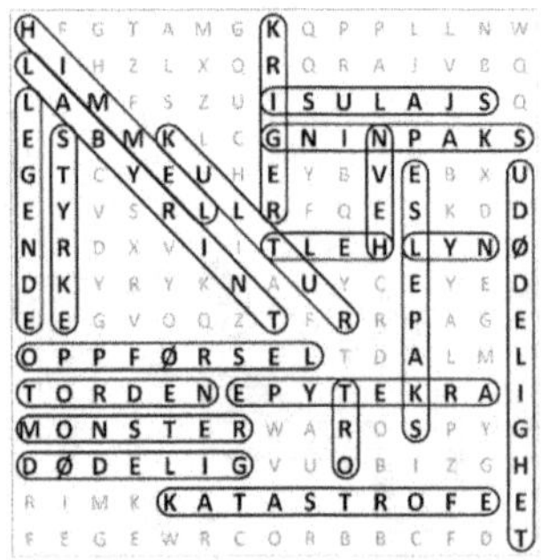

23 - Ecología

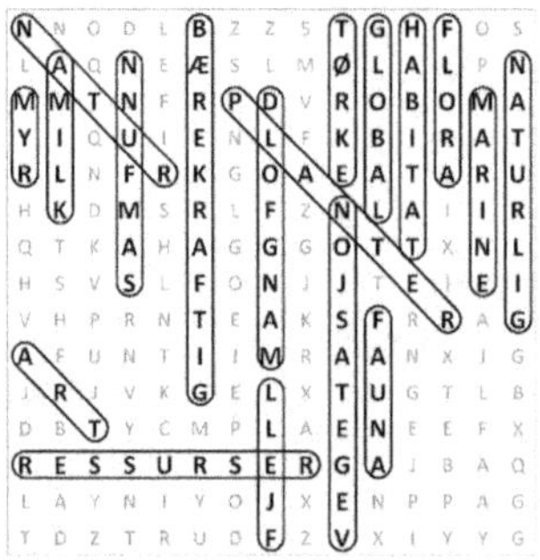

24 - Casa

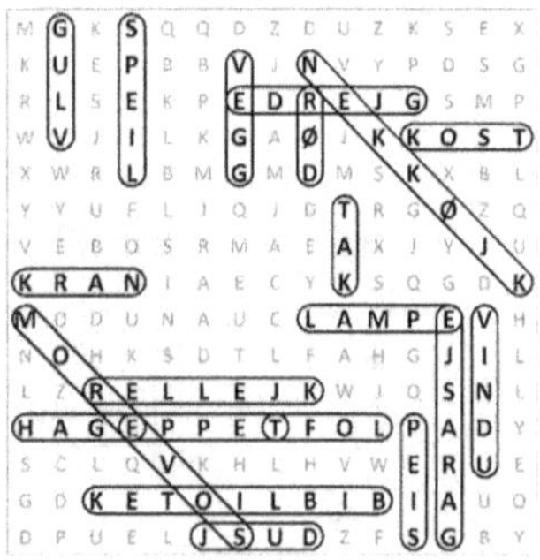

25 - Artes Visuales

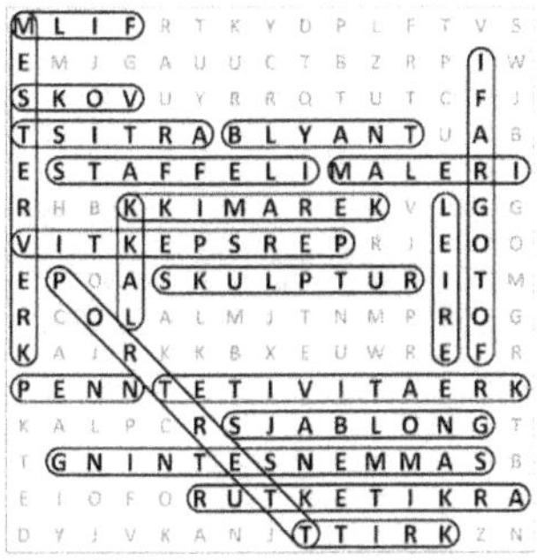

26 - Salud y Bienestar #2

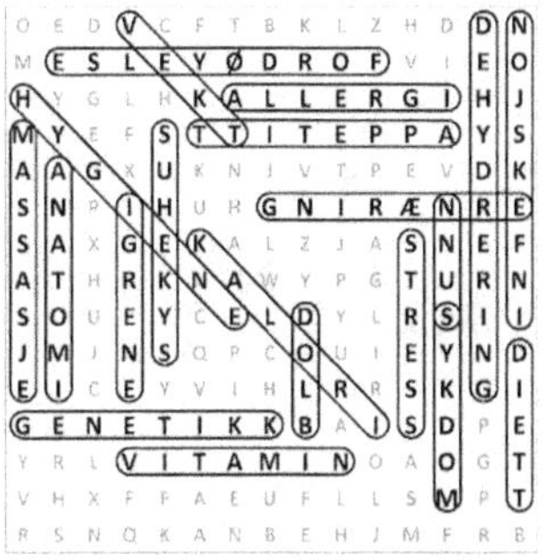

27 - Selva Tropical

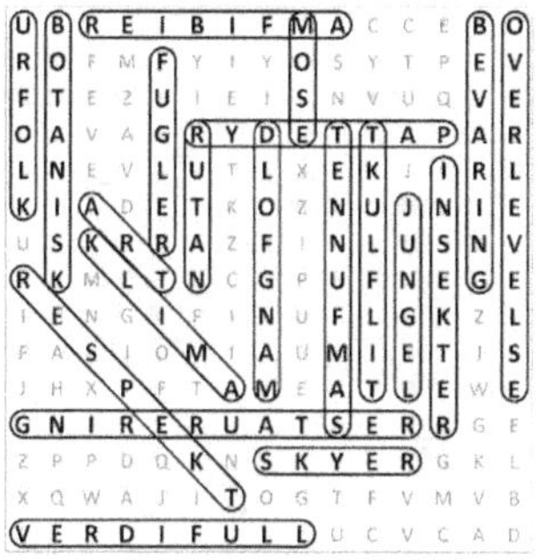

28 - Adjetivos #1

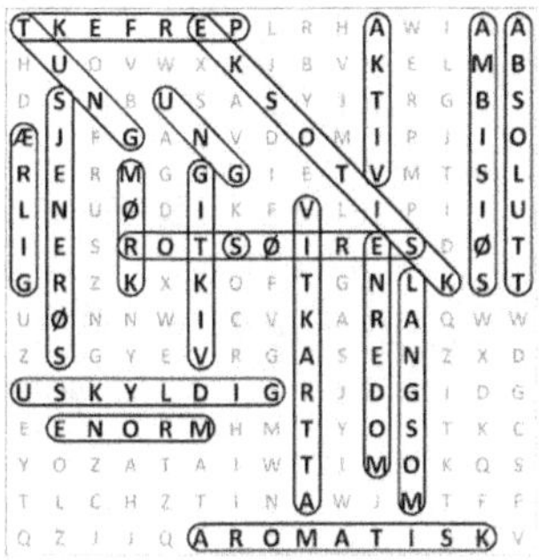

29 - Familia

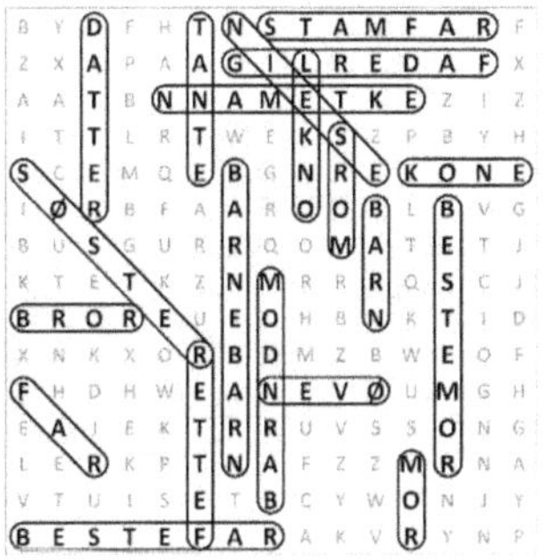

30 - Disciplinas Científicas

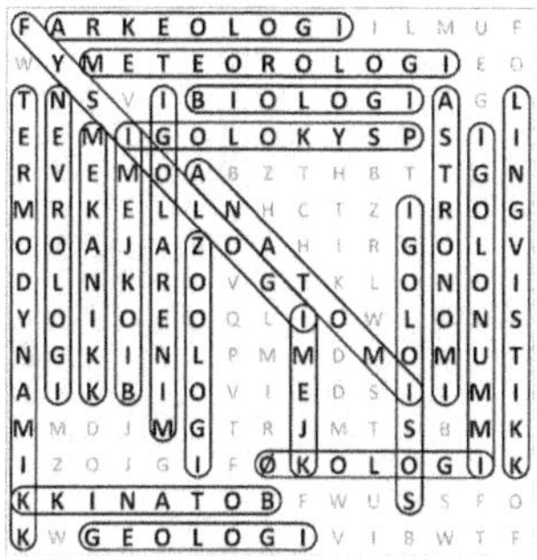

31 - Cocina

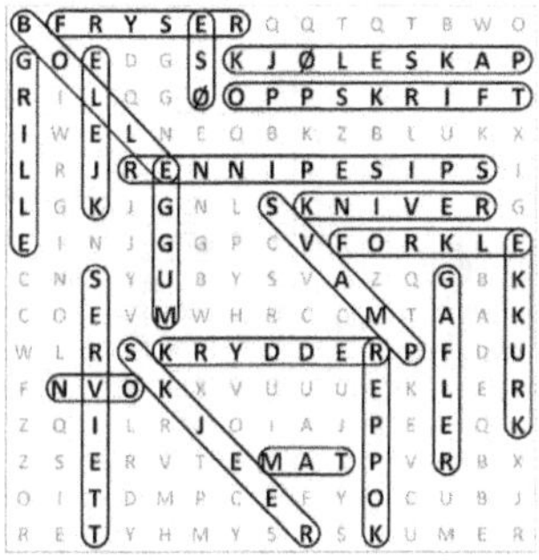

32 - Moda

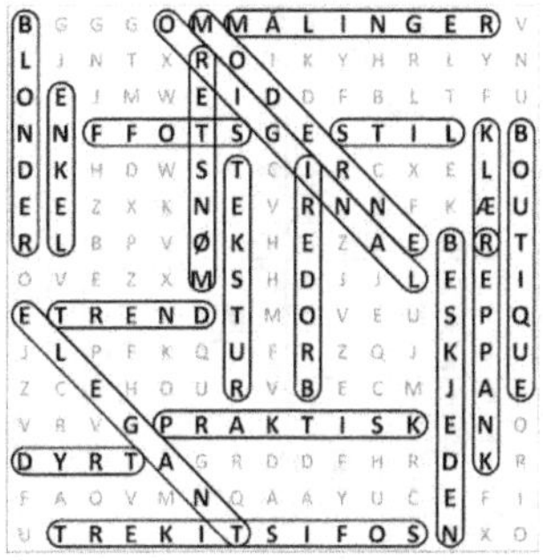

33 - Electricidad

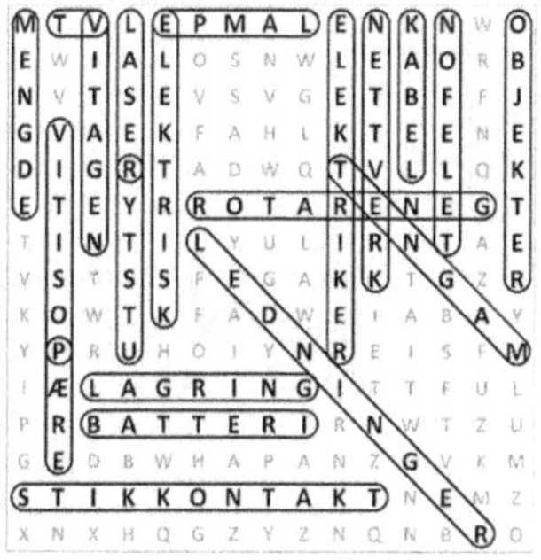

34 - Salud y Bienestar #1

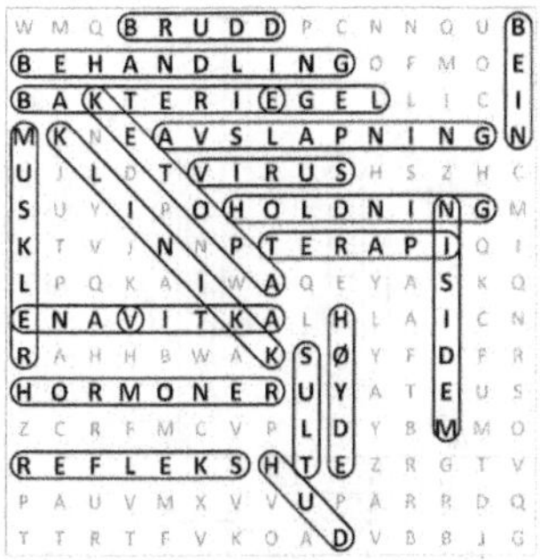

35 - Adjetivos #2

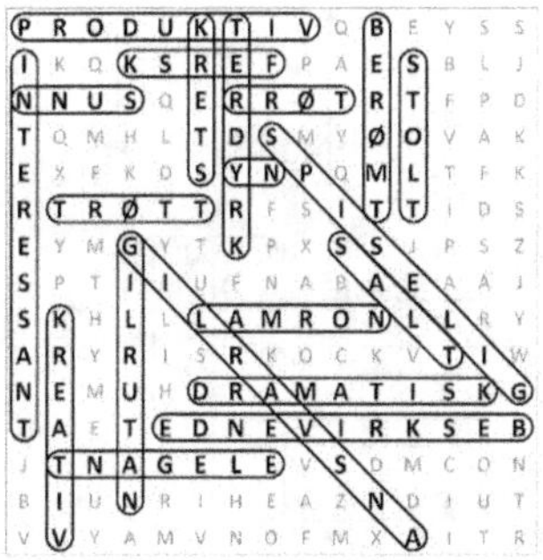

36 - Cuerpo Humano

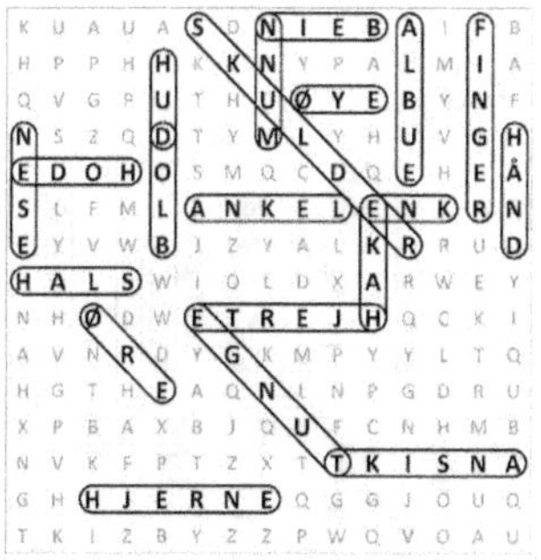

37 - Calentamiento Gl

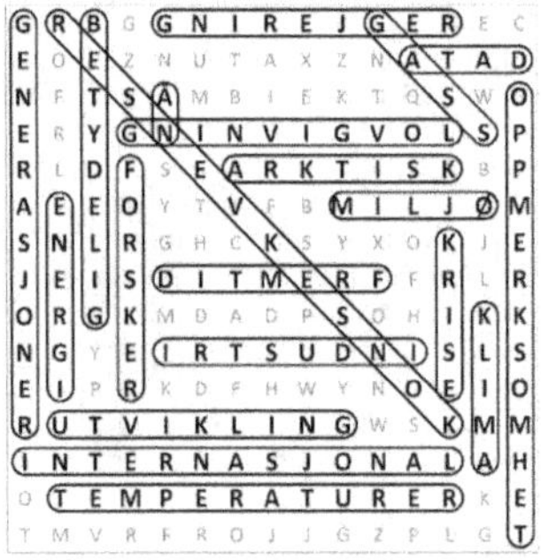

38 - Ciencia

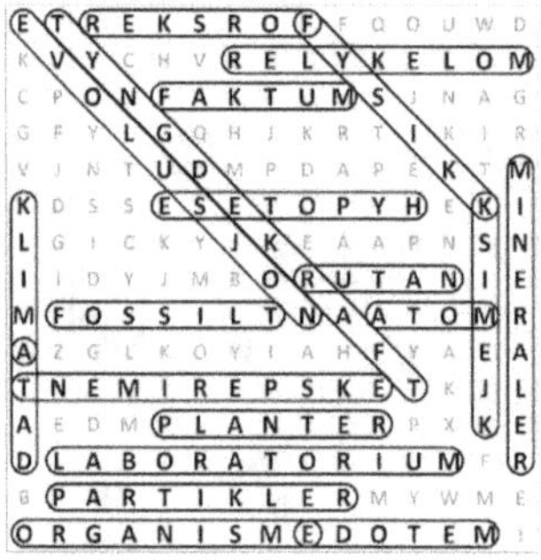

39 - Restaurante #2

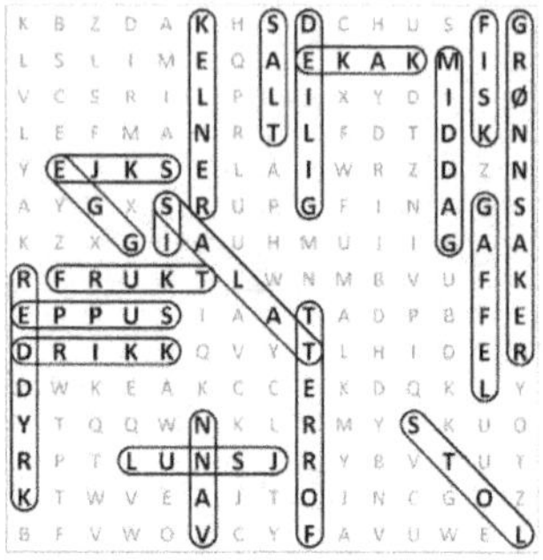

40 - Profesiones #1

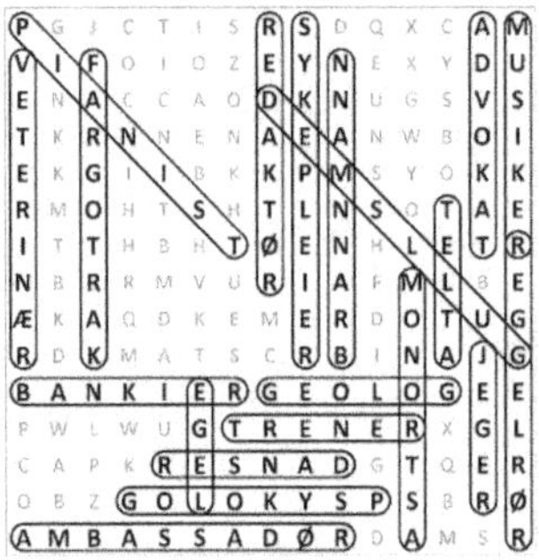

41 - Vehículos

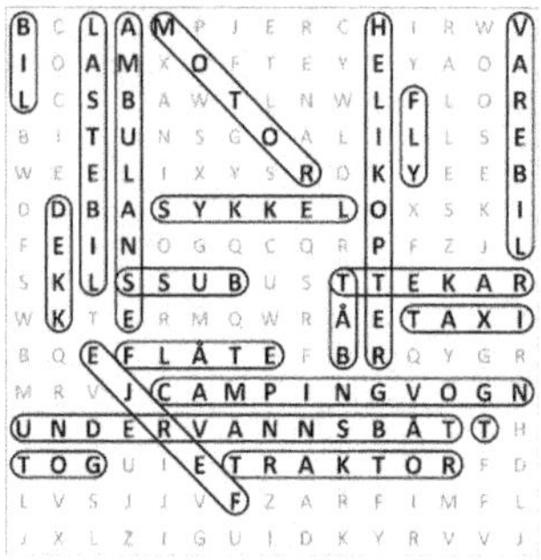

42 - Geometría

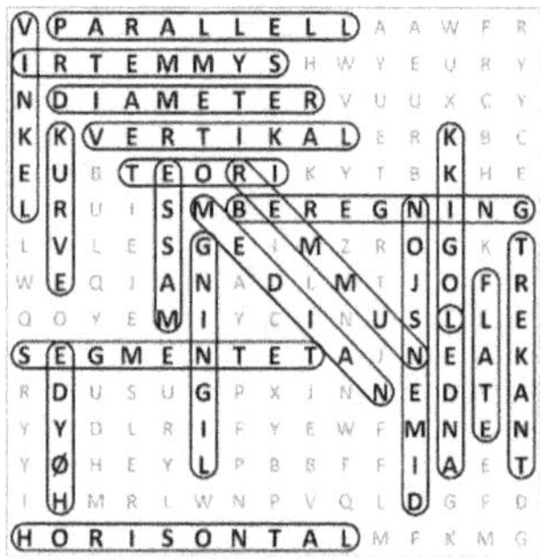

43 - Vacaciones #2

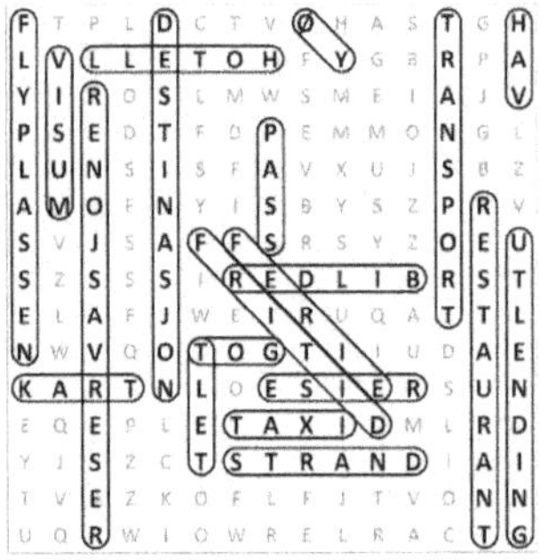

44 - Baile

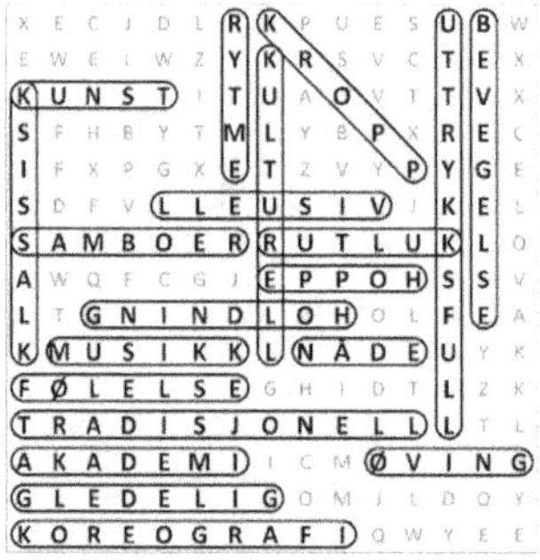

45 - Matemáticas

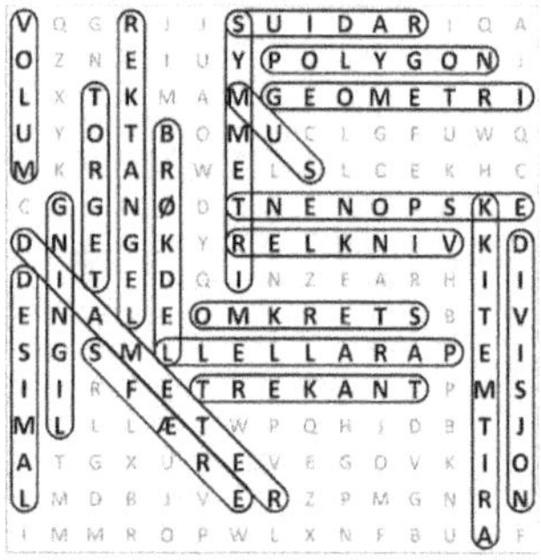

46 - Profesiones #2

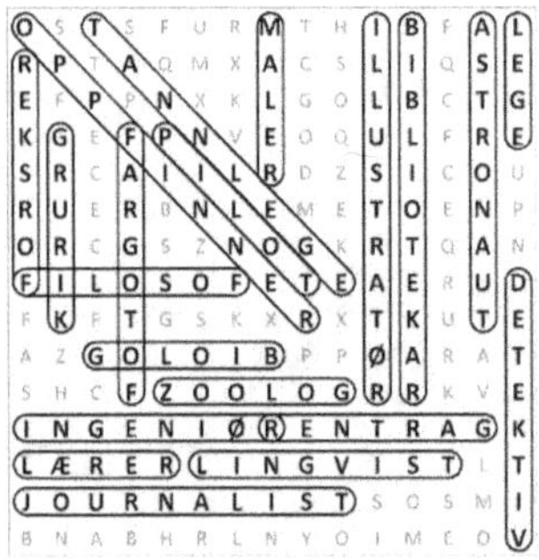

47 - Naturaleza

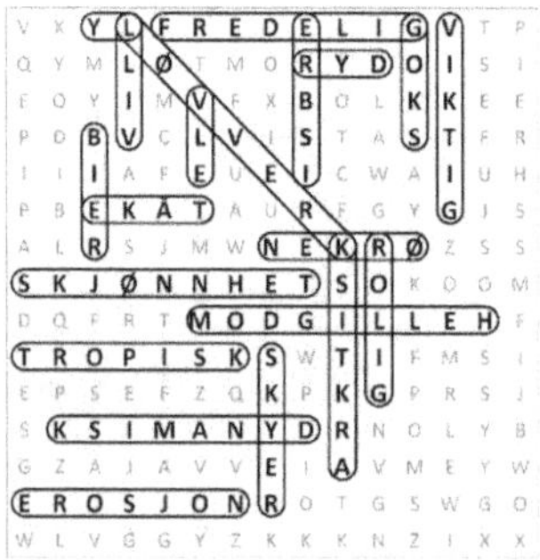

48 - Conduciendo

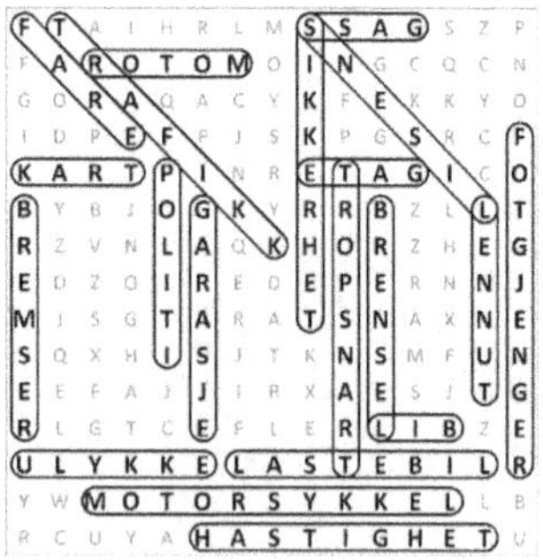

49 - Ballet

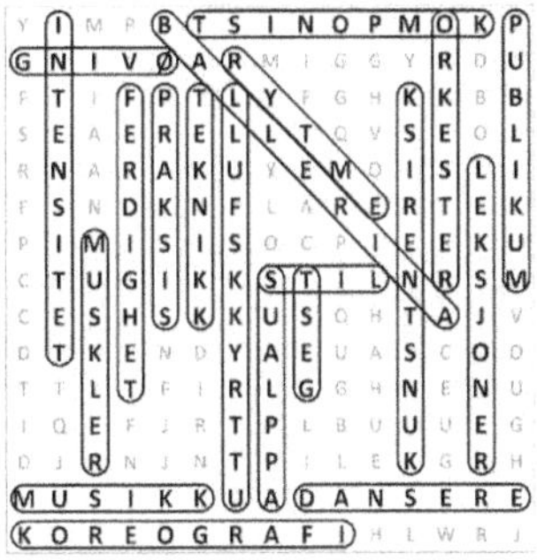

50 - Fuerza y Gravedad

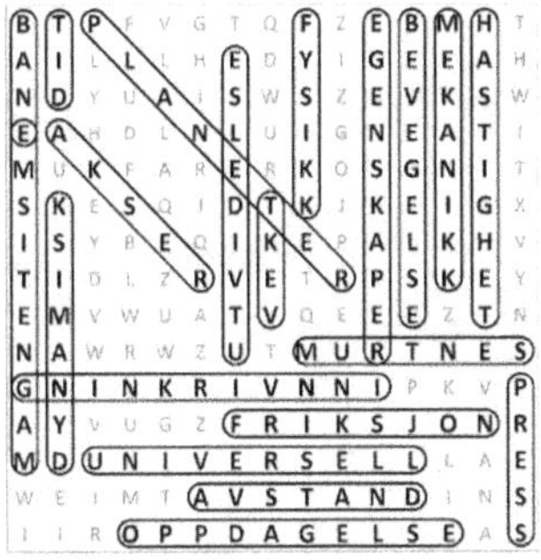

51 - Pájaros

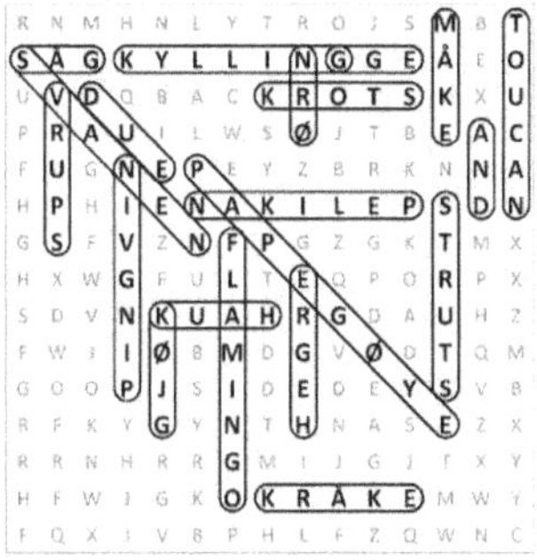

52 - Geografía

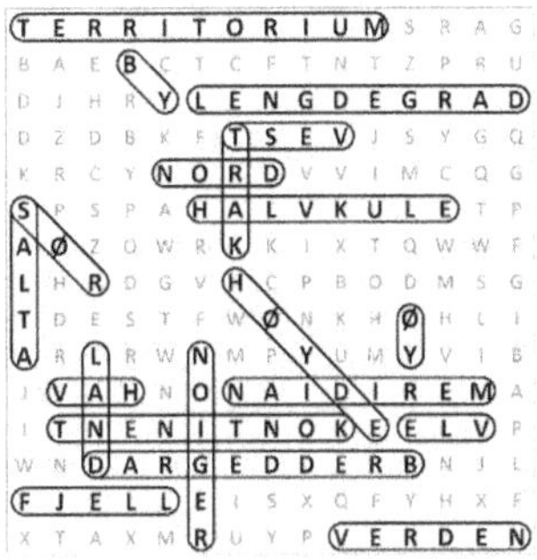

53 - Música

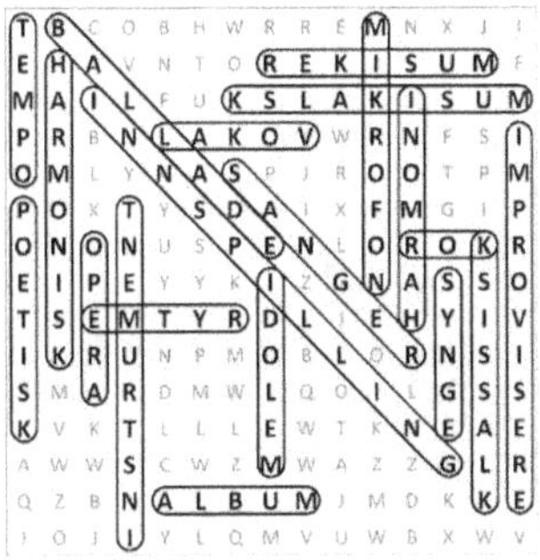

54 - Enfermedad

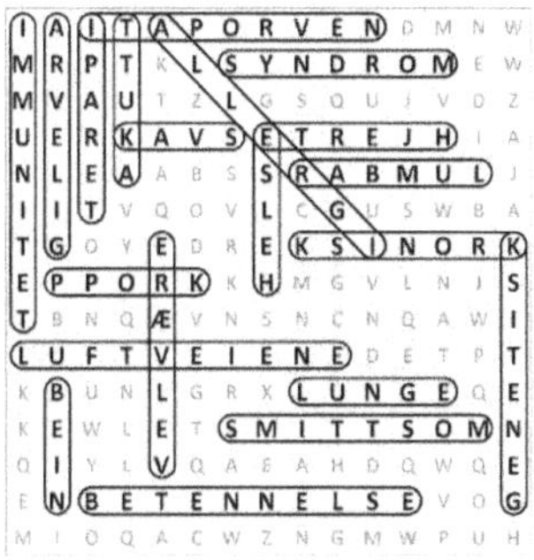

55 - Actividades

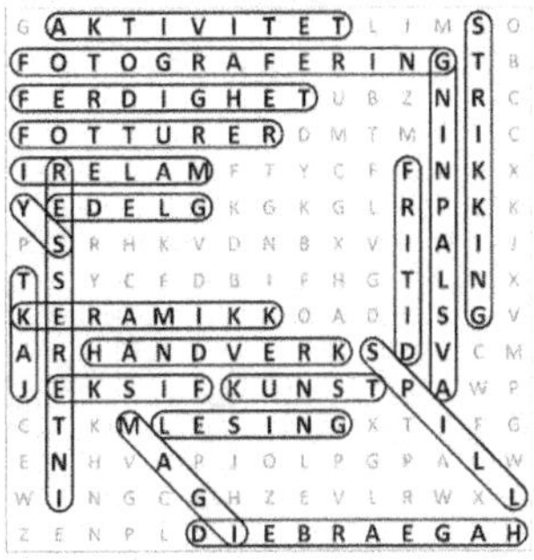

56 - Verduras

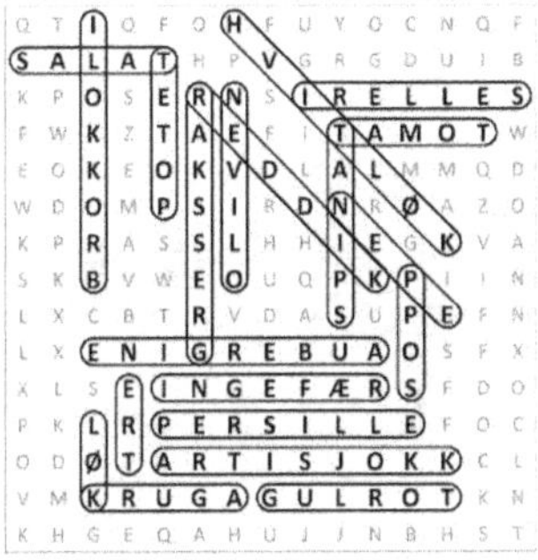

57 - Instrumentos Musicales

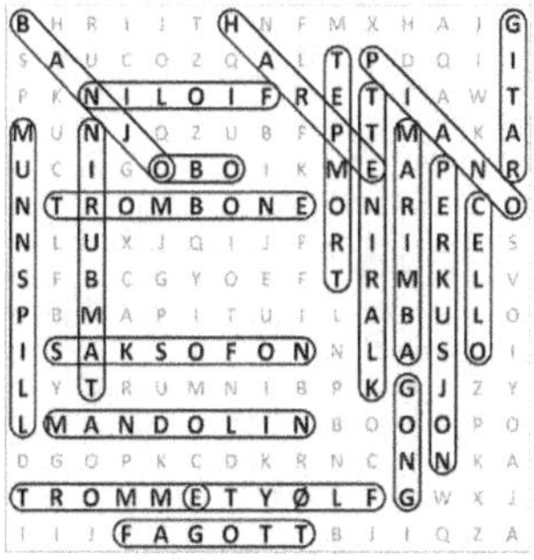

58 - Formas

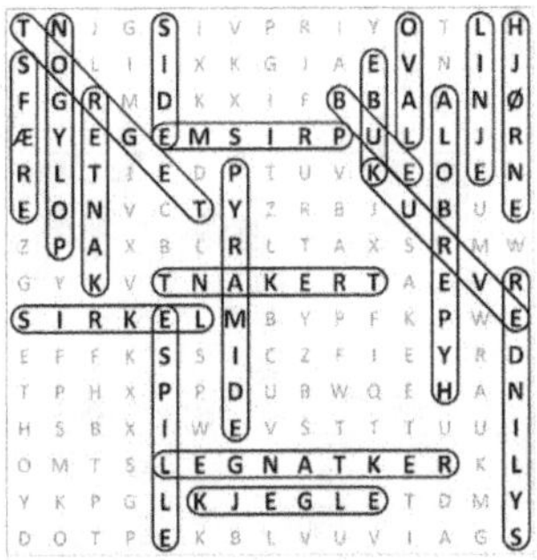

59 - Flores

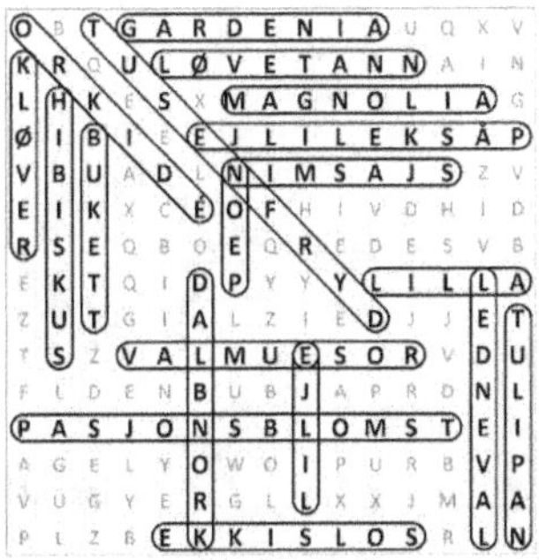

60 - Astronomía

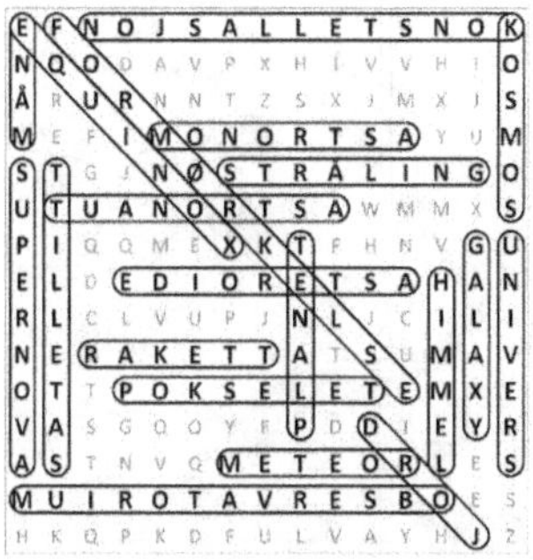

61 - Tiempo

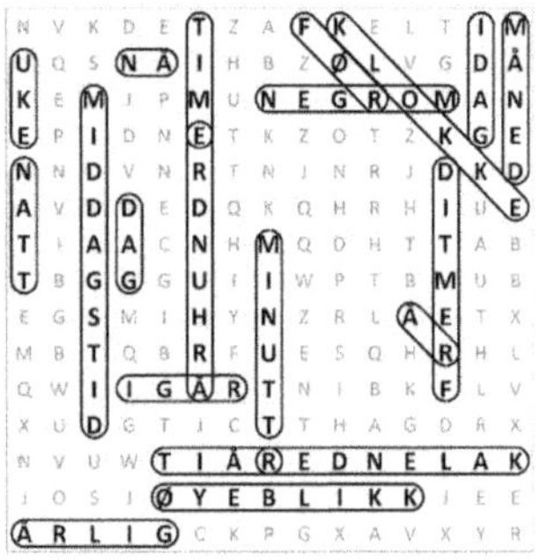

62 - Paisajes

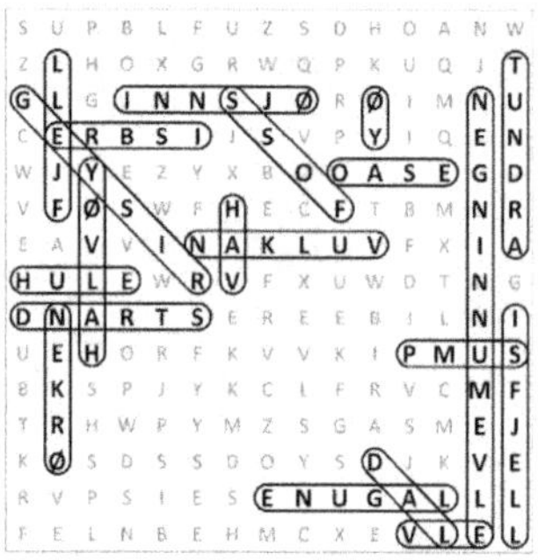

63 - Días y Meses

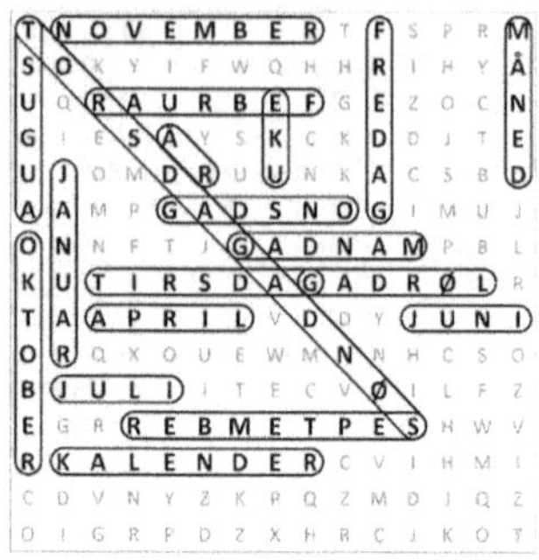

64 - Biología

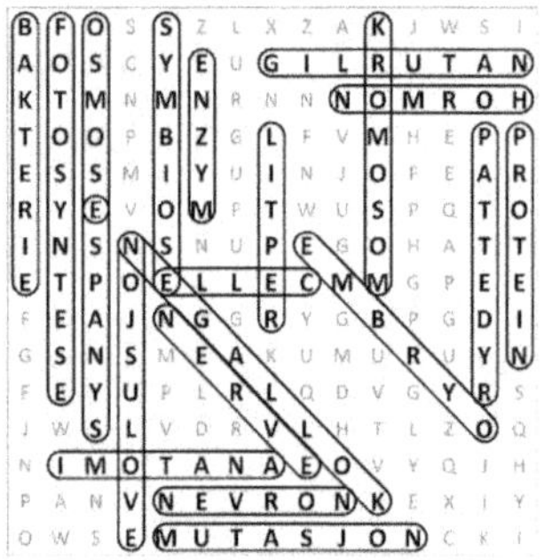

65 - Jardinería

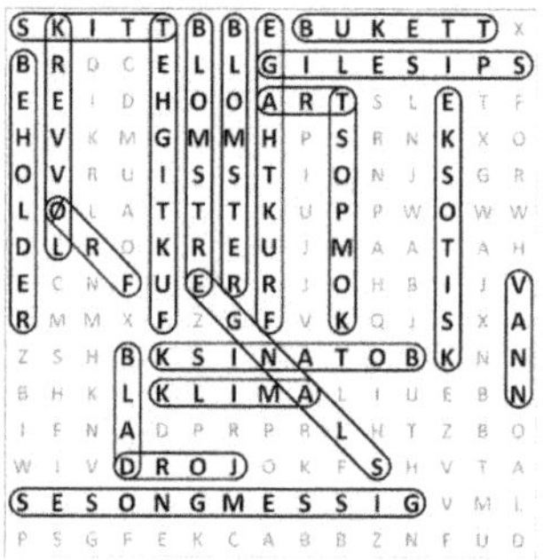

66 - Barbacoas

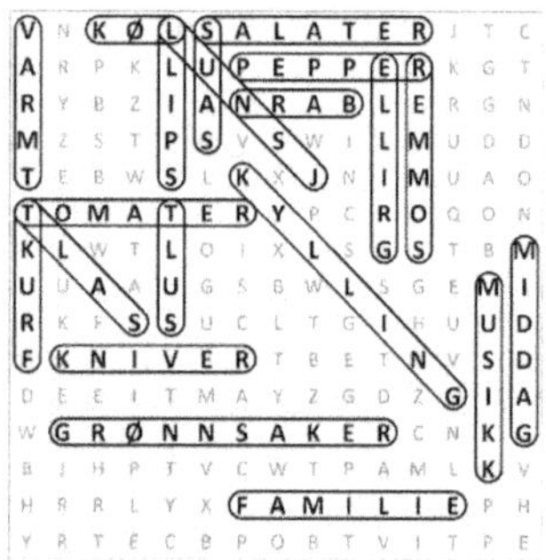

67 - Ropa

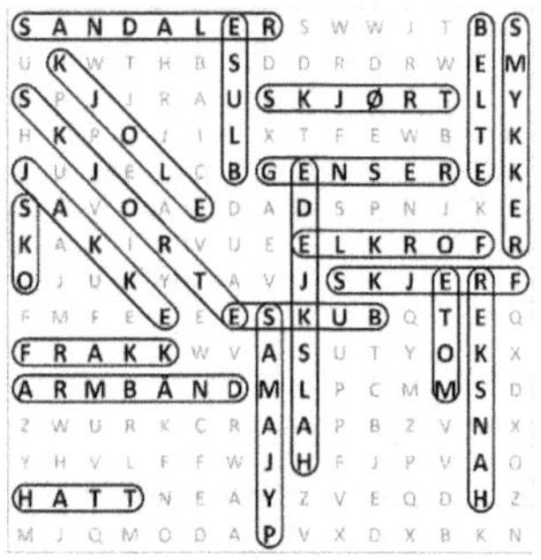

68 - Meditación

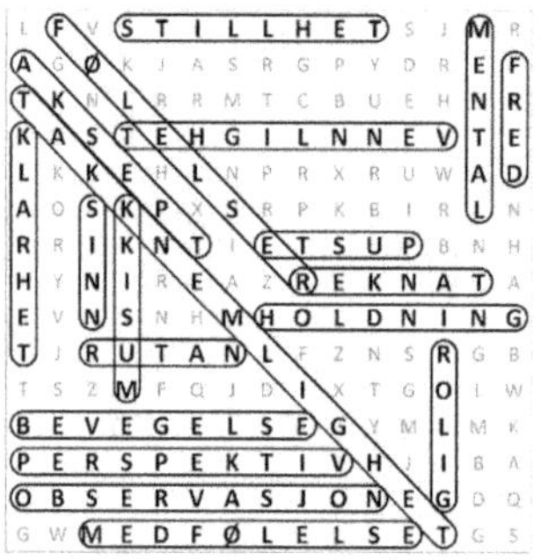

69 - Libros

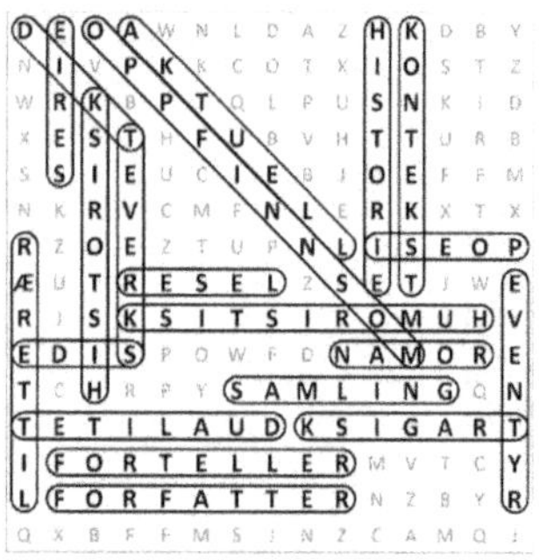

70 - Los Medios de Comunicación

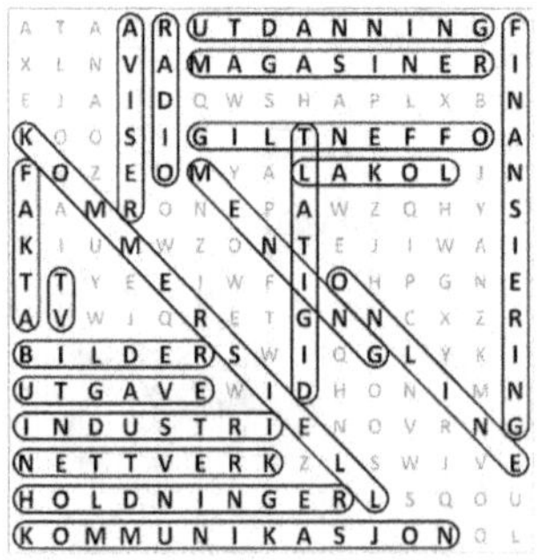

71 - Nutrición

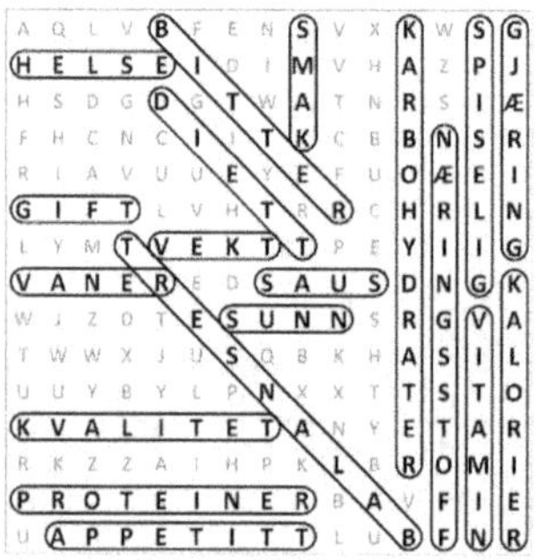

72 - Edificios

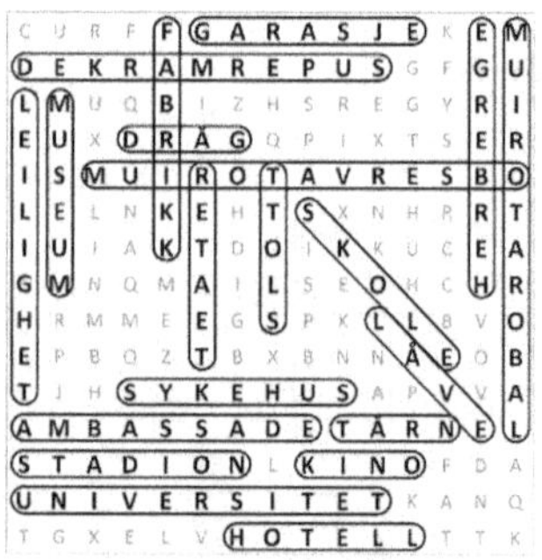

73 - Océano

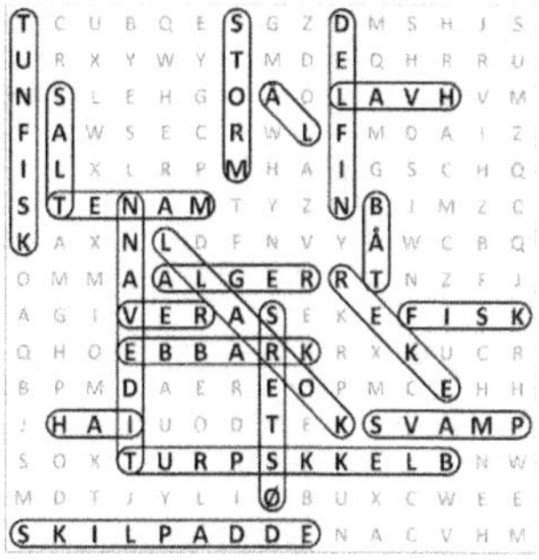

74 - Ciudad

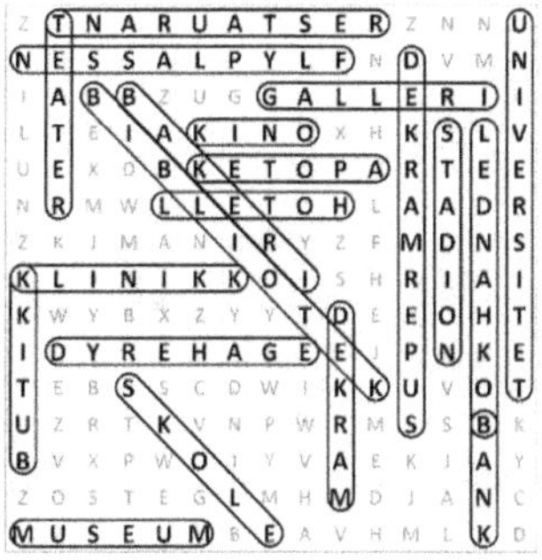

75 - Agronomía

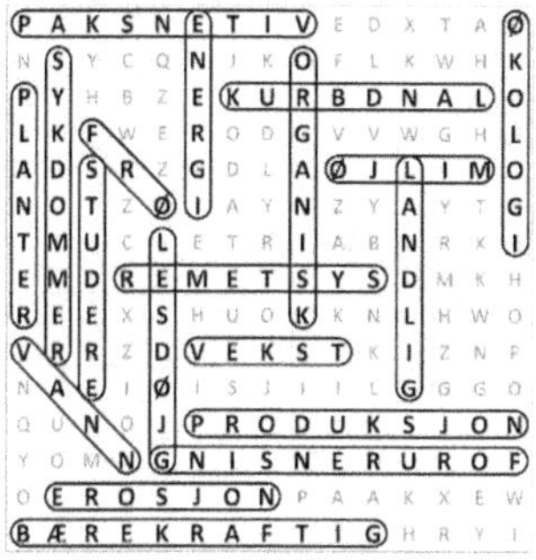

76 - Actividades y Ocio

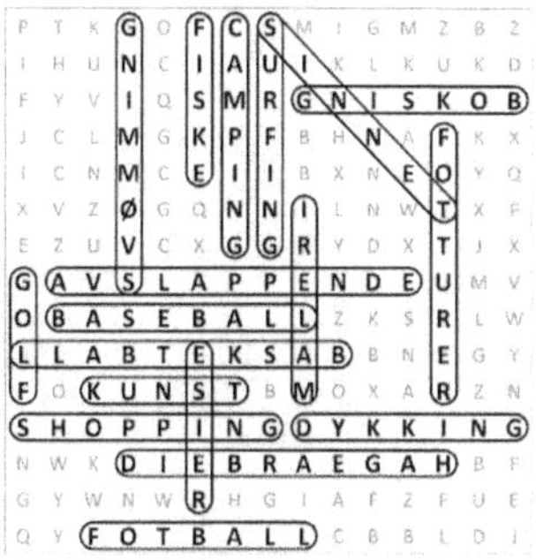

77 - Ingeniería

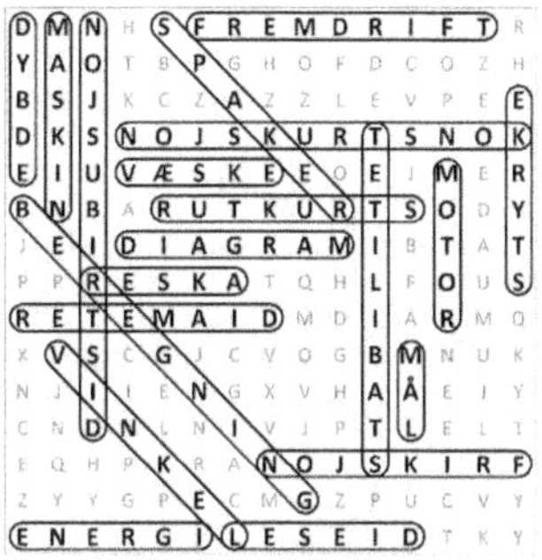

78 - Comida #1

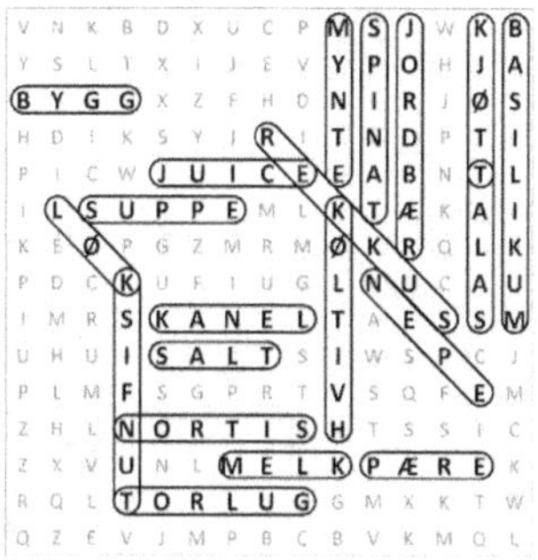

79 - Antigüedades

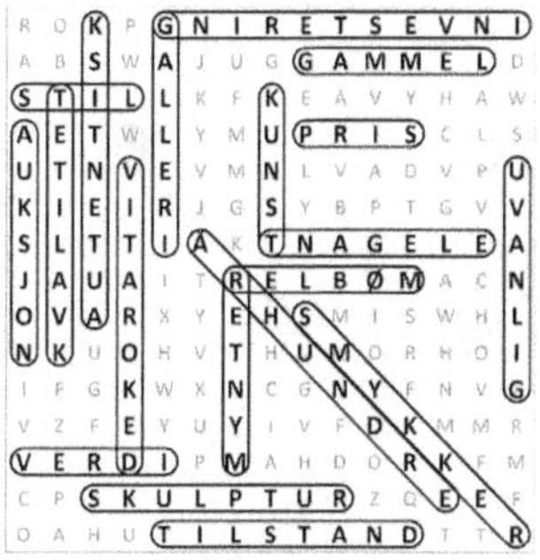

80 - Literatura

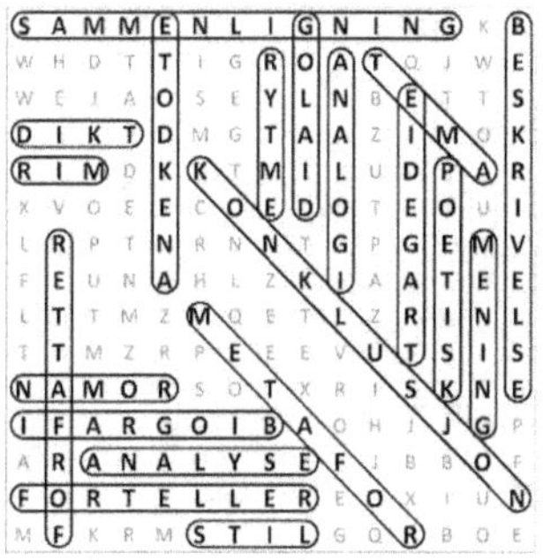

81 - Química

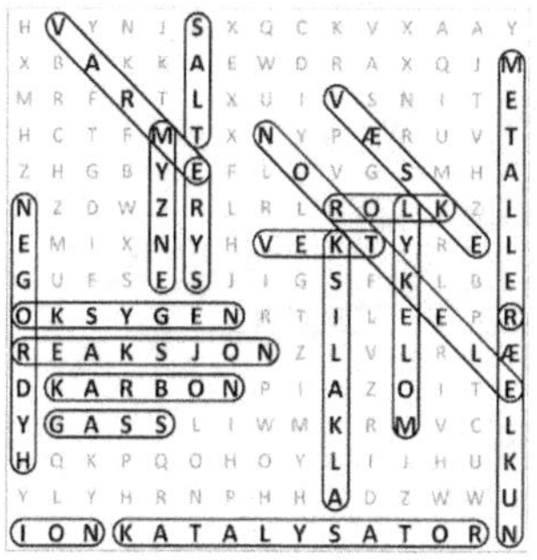

82 - Gobierno

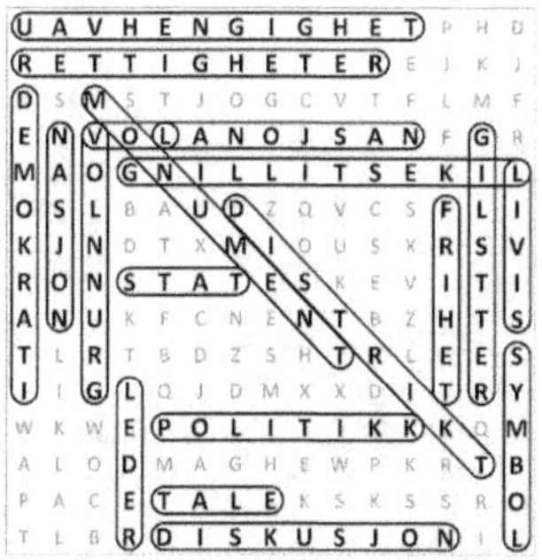

83 - Creatividad

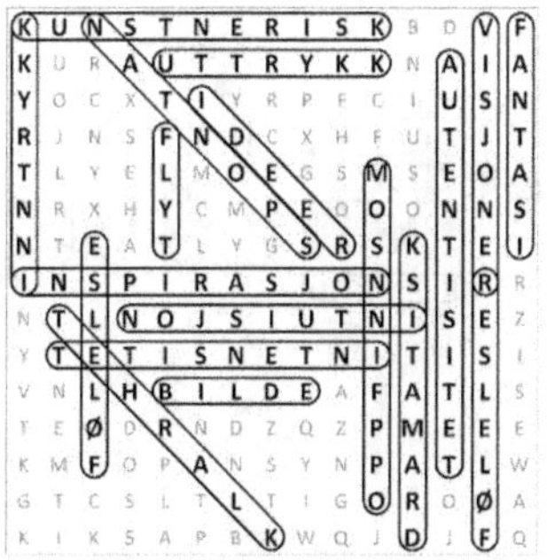

84 - Filantropía

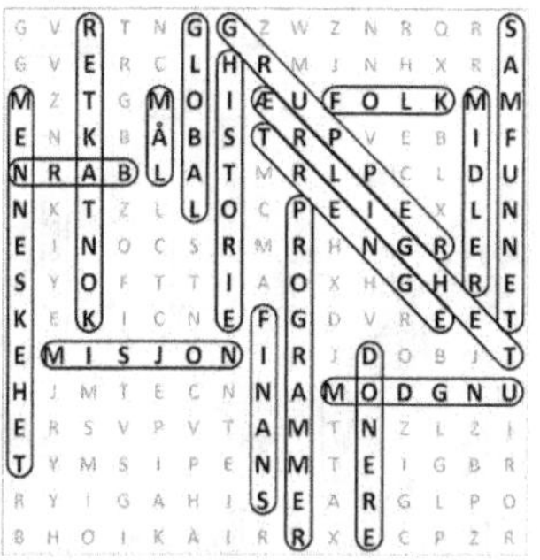

85 - Clima

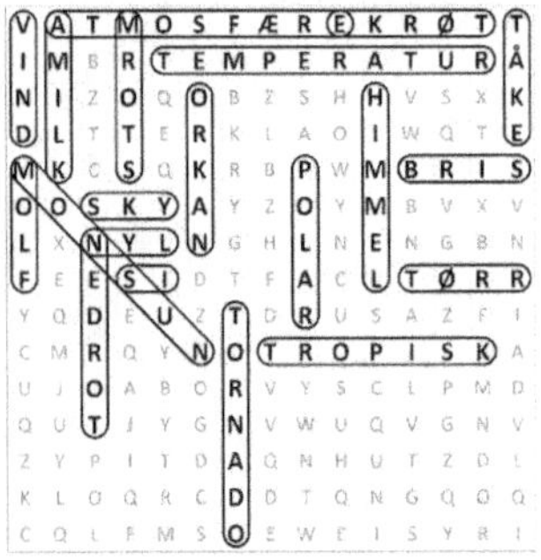

86 - Comida #2

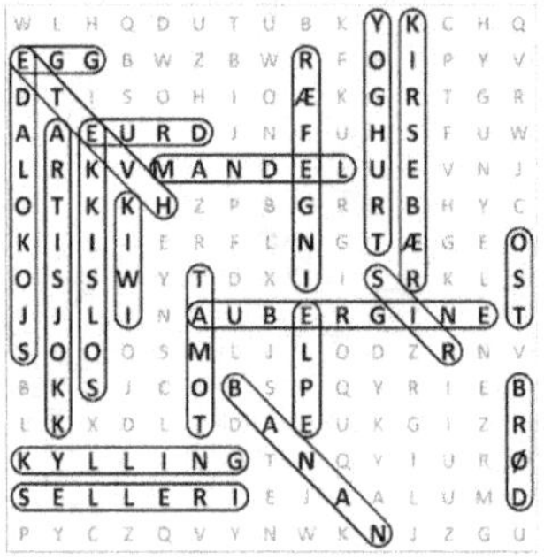

87 - Arte

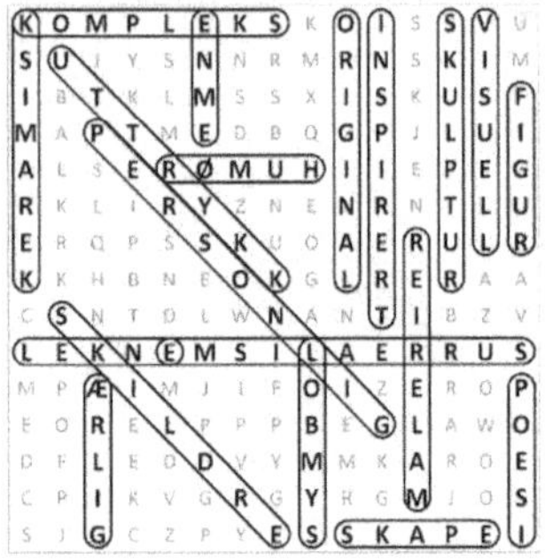

88 - Diplomacia

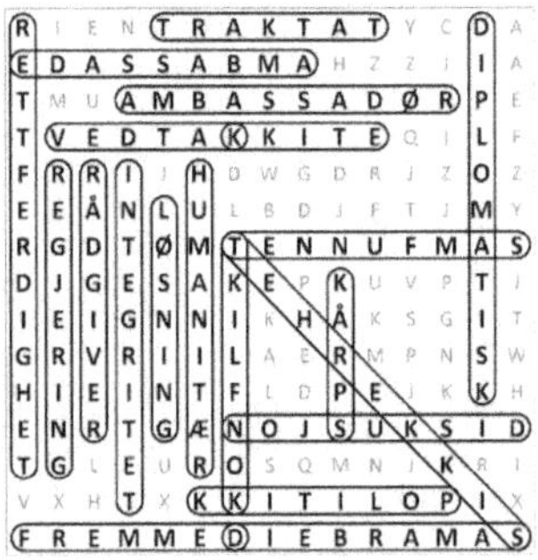

89 - Herboristería

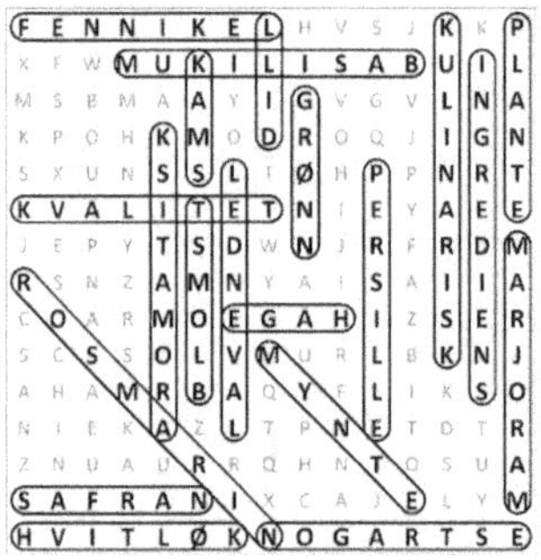

90 - Energía

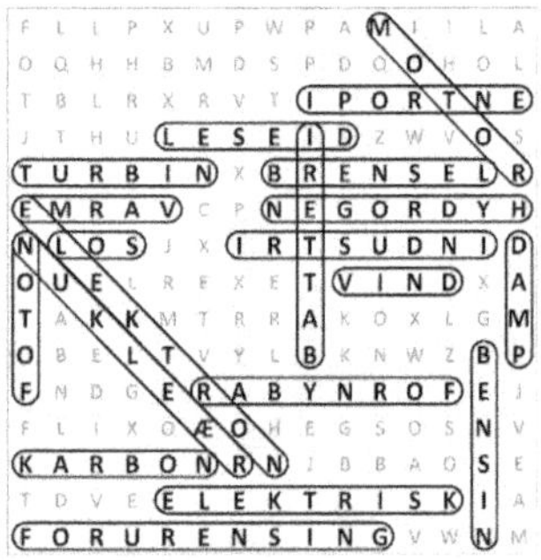

91 - Especias

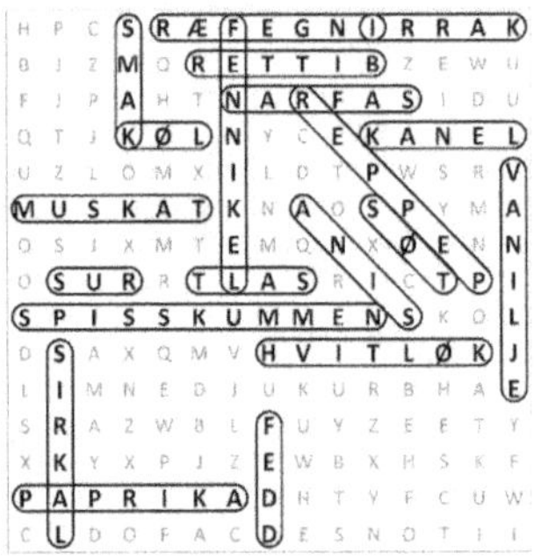

92 - Emociones

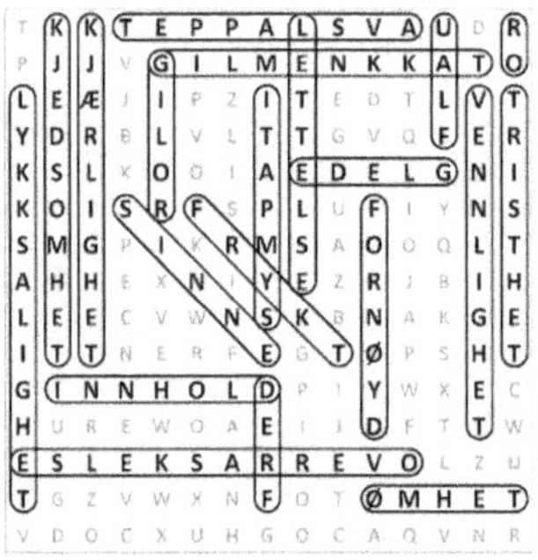

93 - Universo

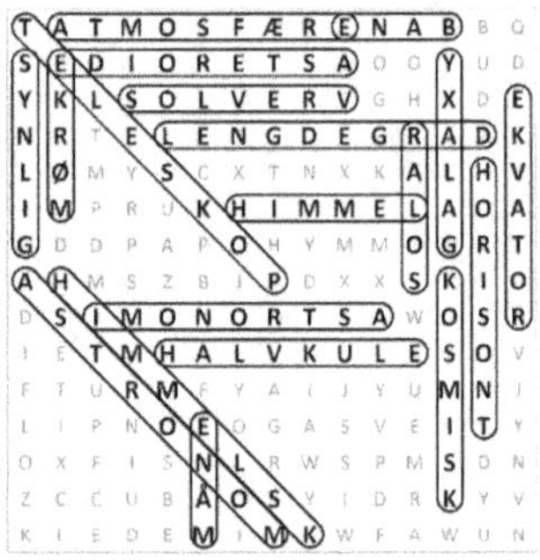

94 - Jazz

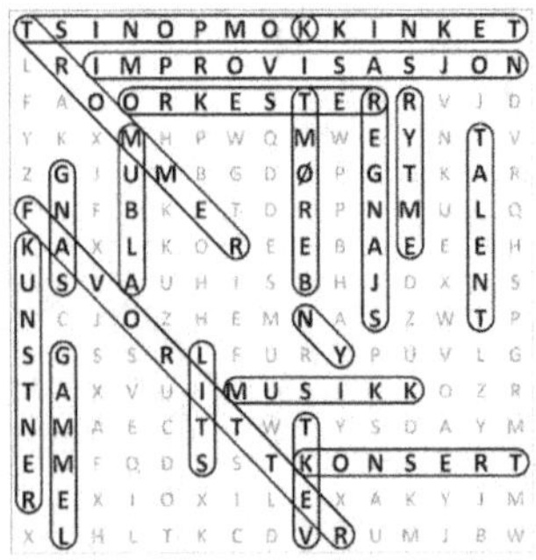

95 - Mediciones

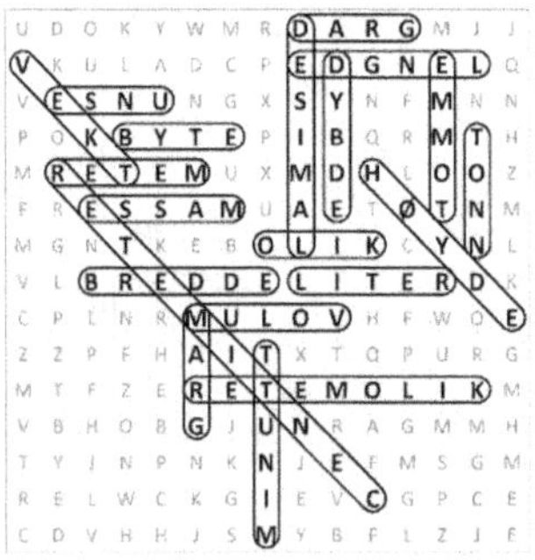

96 - Barcos

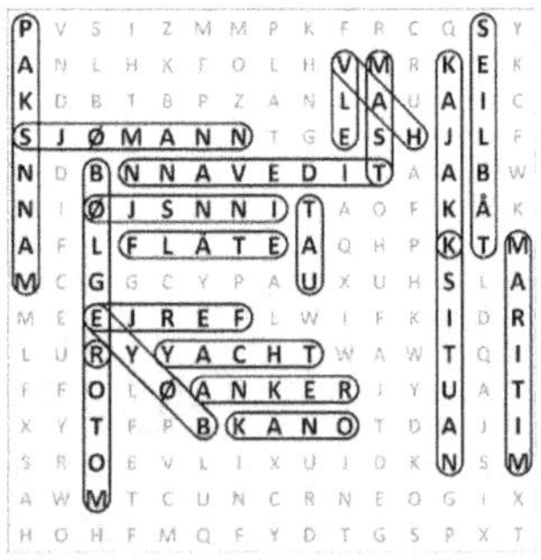

97 - Antártida

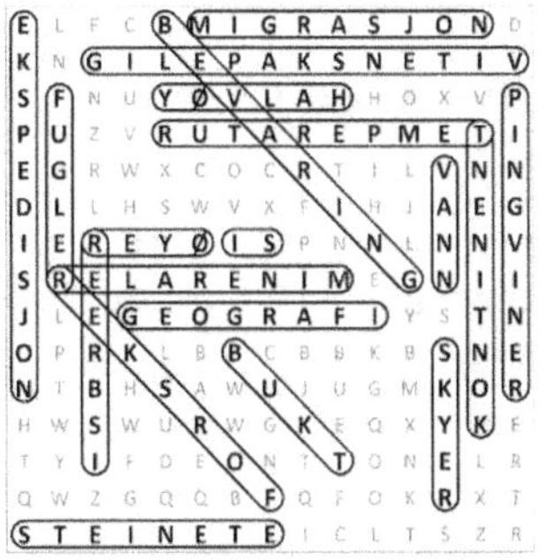

98 - Mamíferos

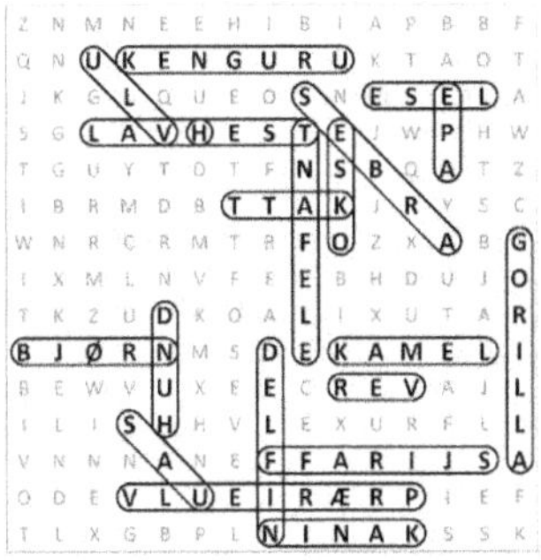

99 - Abejas

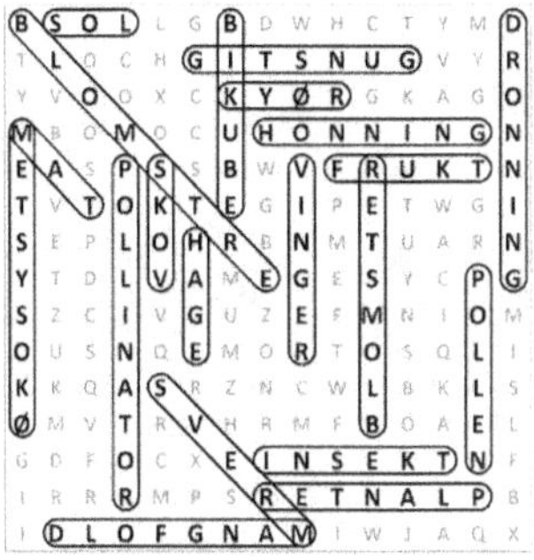

100 - Psicología

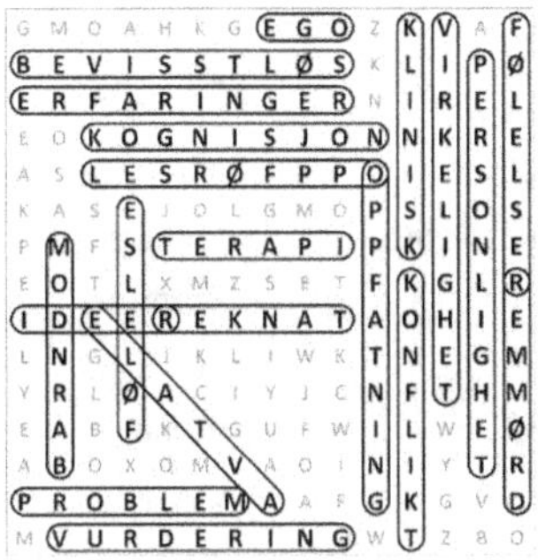

Diccionario

Abejas
Bier

Alas	Vinger
Beneficioso	Gunstig
Cera	Voks
Colmena	Bikube
Comida	Mat
Diversidad	Mangfold
Ecosistema	Økosystem
Enjambre	Sverm
Flor	Blomstre
Flores	Blomster
Fruta	Frukt
Humo	Røyk
Insecto	Insekt
Jardín	Hage
Miel	Honning
Plantas	Planter
Polen	Pollen
Polinizador	Pollinator
Reina	Dronning
Sol	Sol

Actividades
Aktiviteter

Actividad	Aktivitet
Arte	Kunst
Artesanía	Håndverk
Caza	Jakt
Cerámica	Keramikk
Costura	Sy
Fotografía	Fotografering
Habilidad	Ferdighet
Intereses	Interesser
Jardinería	Hagearbeid
Juegos	Spill
Lectura	Lesing
Magia	Magi
Ocio	Fritid
Pesca	Fiske
Pintura	Maleri
Placer	Glede
Relajación	Avslapning
Senderismo	Fotturer
Tejer	Strikking

Actividades y Ocio
Aktiviteter og Fritid

Arte	Kunst
Baloncesto	Basketball
Béisbol	Baseball
Boxeo	Boksing
Buceo	Dykking
Camping	Camping
Compras	Shopping
Fútbol	Fotball
Golf	Golf
Jardinería	Hagearbeid
Natación	Svømming
Pesca	Fiske
Pintura	Maleri
Relajante	Avslappende
Senderismo	Fotturer
Surf	Surfing
Tenis	Tennis
Viaje	Reise
Voleibol	Volleyball

Adjetivos #1
Adjektiver #1

Absoluto	Absolutt
Activo	Aktiv
Ambicioso	Ambisiøs
Aromático	Aromatisk
Atractivo	Attraktiv
Enorme	Enorm
Exótico	Eksotisk
Generoso	Sjenerøs
Grande	Stor
Honesto	Ærlig
Importante	Viktig
Inocente	Uskyldig
Joven	Ung
Lento	Langsom
Moderno	Moderne
Oscuro	Mørk
Perfecto	Perfekt
Pesado	Tung
Serio	Seriøs
Valioso	Verdifull

Adjetivos #2
Adjektiver #2

Cansado	Trøtt
Comestible	Spiselig
Creativo	Kreativ
Descriptivo	Beskrivende
Dramático	Dramatisk
Elegante	Elegant
Famoso	Berømt
Fresco	Fersk
Fuerte	Sterk
Interesante	Interessant
Natural	Naturlig
Normal	Normal
Nuevo	Ny
Orgulloso	Stolt
Picante	Krydret
Productivo	Produktiv
Responsable	Ansvarlig
Salado	Salt
Saludable	Sunn
Seco	Tørr

Agronomía
Agronomi

Agricultura	Landbruk
Agua	Vann
Ciencia	Vitenskap
Contaminación	Forurensing
Crecimiento	Vekst
Ecología	Økologi
Energía	Energi
Enfermedades	Sykdommer
Erosión	Erosjon
Estudio	Studere
Fertilizante	Gjødsel
Medio Ambiente	Miljø
Orgánico	Organisk
Plantas	Planter
Producción	Produksjon
Rural	Landlig
Semillas	Frø
Sistemas	Systemer
Sostenible	Bærekraftig
Verduras	Grønnsaker

Agua
Vann

Canal	Kanal
Ducha	Dusj
Empapado	Gjennomvåt
Evaporación	Fordampning
Géiser	Geysir
Helada	Frost
Hielo	Is
Humedad	Fuktighet
Huracán	Orkan
Húmedo	Fuktig
Inundación	Flom
Lago	Innsjø
Lluvia	Regn
Monzón	Monsun
Nieve	Snø
Océano	Hav
Olas	Bølger
Riego	Vanning
Río	Elv
Vapor	Damp

Antártida
Antarktis

Agua	Vann
Bahía	Bukt
Científico	Vitenskapelig
Conservación	Bevaring
Continente	Kontinent
Expedición	Ekspedisjon
Geografía	Geografi
Glaciares	Isbreer
Hielo	Is
Investigador	Forsker
Islas	Øyer
Migración	Migrasjon
Minerales	Mineraler
Nubes	Skyer
Pájaros	Fugler
Península	Halvøy
Pingüinos	Pingviner
Rocoso	Steinete
Temperatura	Temperatur
Topografía	Topografi

Antigüedades
Antikviteter

Arte	Kunst
Auténtico	Autentisk
Calidad	Kvalitet
Condición	Tilstand
Decorativo	Dekorativ
Elegante	Elegant
Escultura	Skulptur
Estilo	Stil
Galería	Galleri
Inusual	Uvanlig
Inversión	Investering
Joyas	Smykker
Monedas	Mynter
Mueble	Møbler
Precio	Pris
Restauración	Restaurering
Siglo	Århundre
Subasta	Auksjon
Valor	Verdi
Viejo	Gammel

Arqueología
Arkeologi

Análisis	Analyse
Antigüedad	Antikken
Años	År
Civilización	Sivilisasjon
Descendiente	Etterkommer
Desconocido	Ukjent
Equipo	Team
Era	Æra
Evaluación	Vurdering
Experto	Ekspert
Fósil	Fossilt
Huesos	Bein
Investigador	Forsker
Misterio	Mysterium
Objetos	Objekter
Olvidado	Glemt
Profesor	Professor
Reliquia	Relikvie
Templo	Tempel
Tumba	Grav

Arte
Kunst

Cerámica	Keramisk
Complejo	Kompleks
Composición	Sammensetning
Crear	Skape
Escultura	Skulptur
Expresión	Uttrykk
Figura	Figur
Honesto	Ærlig
Humor	Humør
Inspirado	Inspirert
Original	Original
Personal	Personlig
Pinturas	Malerier
Poesía	Poesi
Retratar	Skildre
Sencillo	Enkel
Símbolo	Symbol
Surrealismo	Surrealisme
Tema	Emne
Visual	Visuell

Artes Visuales
Bildende Kunst

Arcilla	Leire
Arquitectura	Arkitektur
Artista	Artist
Barniz	Lakk
Caballete	Staffeli
Cera	Voks
Cerámica	Keramikk
Composición	Sammensetning
Creatividad	Kreativitet
Escultura	Skulptur
Fotografía	Fotografi
Lápiz	Blyant
Obra Maestra	Mesterverk
Película	Film
Perspectiva	Perspektiv
Pintura	Maleri
Plantilla	Sjablong
Pluma	Penn
Retrato	Portrett
Tiza	Kritt

Astronomía

Astronomi

Asteroide	Asteroide
Astronauta	Astronaut
Astrónomo	Astronom
Cielo	Himmel
Cohete	Rakett
Constelación	Konstellasjon
Cosmos	Kosmos
Eclipse	Formørkelse
Equinoccio	Equinox
Galaxia	Galaxy
Luna	Måne
Meteoro	Meteor
Observatorio	Observatorium
Planeta	Planet
Radiación	Stråling
Satélite	Satellitt
Supernova	Supernova
Telescopio	Teleskop
Tierra	Jord
Universo	Univers

Aviones

Fly

Aire	Luft
Altura	Høyde
Aterrizaje	Landing
Atmósfera	Atmosfære
Aventura	Eventyr
Cielo	Himmel
Combustible	Brensel
Construcción	Konstruksjon
Dirección	Retning
Diseño	Design
Globo	Ballong
Hélices	Propeller
Hidrógeno	Hydrogen
Historia	Historie
Motor	Motor
Navegar	Navigere
Pasajero	Passasjer
Piloto	Pilot
Tripulación	Mannskap
Turbulencia	Turbulens

Álgebra

Algebra

Cantidad	Mengde
Cero	Null
Diagrama	Diagram
División	Divisjon
Ecuación	Ligning
Exponente	Eksponent
Factor	Faktor
Falso	Falsk
Fórmula	Formel
Fracción	Brøkdel
Infinito	Uendelig
Lineal	Lineær
Matriz	Matrise
Número	Nummer
Paréntesis	Parentes
Problema	Problem
Resta	Subtraksjon
Simplificar	Forenkle
Solución	Løsning
Variable	Variabel

Baile

Danse

Academia	Akademi
Alegre	Gledelig
Arte	Kunst
Clásico	Klassisk
Coreografía	Koreografi
Cuerpo	Kropp
Cultura	Kultur
Cultural	Kulturell
Emoción	Følelse
Ensayo	Øving
Expresivo	Uttrykksfull
Gracia	Nåde
Movimiento	Bevegelse
Música	Musikk
Postura	Holdning
Ritmo	Rytme
Saltar	Hoppe
Socio	Samboer
Tradicional	Tradisjonell
Visual	Visuell

Ballet

Ballett

Aplauso	Applaus
Artístico	Kunstnerisk
Audiencia	Publikum
Bailarina	Ballerina
Bailarines	Dansere
Compositor	Komponist
Coreografía	Koreografi
Ensayo	Øving
Estilo	Stil
Expresivo	Uttrykksfull
Gesto	Gest
Habilidad	Ferdighet
Intensidad	Intensitet
Lecciones	Leksjoner
Músculos	Muskler
Música	Musikk
Orquesta	Orkester
Práctica	Praksis
Ritmo	Rytme
Técnica	Teknikk

Barbacoas

Grilling

Almuerzo	Lunsj
Caliente	Varmt
Cebollas	Løk
Cena	Middag
Cuchillos	Kniver
Ensaladas	Salater
Familia	Familie
Fruta	Frukt
Hambre	Sult
Juegos	Spill
Música	Musikk
Niños	Barn
Parrilla	Grille
Pimienta	Pepper
Pollo	Kylling
Sal	Salt
Salsa	Saus
Tomates	Tomater
Verano	Sommer
Verduras	Grønnsaker

Barcos
Båter

Ancla	Anker
Balsa	Flåte
Boya	Bøye
Canoa	Kano
Cuerda	Tau
Ferry	Ferje
Kayak	Kajakk
Lago	Innsjø
Mar	Hav
Marea	Tidevann
Marinero	Sjømann
Marítimo	Maritim
Mástil	Mast
Motor	Motor
Náutico	Nautisk
Olas	Bølger
Río	Elv
Tripulación	Mannskap
Velero	Seilbåt
Yate	Yacht

Belleza
Skjønnhet

Aceites	Oljer
Champú	Sjampo
Color	Farge
Cosméticos	Kosmetikk
Elegancia	Eleganse
Elegante	Elegant
Encanto	Sjarm
Espejo	Speil
Estilista	Stylist
Fotogénico	Fotogen
Fragancia	Duft
Gracia	Nåde
Maquillaje	Sminke
Piel	Hud
Pintalabios	Leppestift
Productos	Produkter
Rizos	Krøller
Rímel	Mascara
Servicios	Tjenester
Tijeras	Saks

Biología
Biologi

Anatomía	Anatomi
Bacterias	Bakterie
Celda	Celle
Colágeno	Kollagen
Cromosoma	Kromosom
Embrión	Embryo
Enzima	Enzym
Evolución	Evolusjon
Fotosíntesis	Fotosyntese
Hormona	Hormon
Mamífero	Pattedyr
Mutación	Mutasjon
Natural	Naturlig
Nervio	Nerve
Neurona	Nevron
Ósmosis	Osmose
Proteína	Protein
Reptil	Reptil
Simbiosis	Symbiose
Sinapsis	Synapse

Calentamiento Global
Global Oppvarming

Ahora	Nå
Ambiental	Miljø
Atención	Oppmerksomhet
Ártico	Arktisk
Científico	Forsker
Clima	Klima
Consecuencias	Konsekvenser
Crisis	Krise
Datos	Data
Desarrollo	Utvikling
Energía	Energi
Futuro	Fremtid
Gas	Gass
Generaciones	Generasjoner
Gobierno	Regjering
Industria	Industri
Internacional	Internasjonal
Legislación	Lovgivning
Significativo	Betydelig
Temperaturas	Temperaturer

Camping
Camping

Animales	Dyr
Aventura	Eventyr
Árboles	Trær
Bosque	Skog
Brújula	Kompass
Cabina	Hytte
Canoa	Kano
Carpa	Telt
Caza	Jakt
Cuerda	Tau
Equipo	Utstyr
Fuego	Brann
Hamaca	Hengekøye
Insecto	Insekt
Lago	Innsjø
Luna	Måne
Mapa	Kart
Montaña	Fjell
Naturaleza	Natur
Sombrero	Hatt

Casa
Hus

Alfombra	Teppe
Ático	Loft
Biblioteca	Bibliotek
Chimenea	Peis
Cocina	Kjøkken
Dormitorio	Soverom
Ducha	Dusj
Escoba	Kost
Espejo	Speil
Garaje	Garasje
Grifo	Kran
Jardín	Hage
Lámpara	Lampe
Pared	Vegg
Piso	Gulv
Puerta	Dør
Sótano	Kjeller
Techo	Tak
Valla	Gjerde
Ventana	Vindu

Ciencia

Vitenskap

Átomo	Atom
Científico	Forsker
Clima	Klima
Datos	Data
Evolución	Evolusjon
Experimento	Eksperiment
Física	Fysikk
Fósil	Fossilt
Gravedad	Tyngdekraft
Hecho	Faktum
Hipótesis	Hypotese
Laboratorio	Laboratorium
Método	Metode
Minerales	Mineraler
Moléculas	Molekyler
Naturaleza	Natur
Organismo	Organisme
Partículas	Partikler
Plantas	Planter
Químico	Kjemisk

Ciencia Ficción

Science Fiction

Atómico	Atom
Cine	Kino
Distante	Fjern
Explosión	Eksplosjon
Extremo	Ekstrem
Fantástico	Fantastisk
Fuego	Brann
Futurista	Futuristisk
Galaxia	Galaxy
Ilusión	Illusjon
Imaginario	Innbilt
Libros	Bøker
Misterioso	Mystisk
Mundo	Verden
Oráculo	Orakel
Planeta	Planet
Realista	Realistisk
Robots	Roboter
Tecnología	Teknologi
Utopía	Utopi

Ciudad

Byen

Aeropuerto	Flyplassen
Banco	Bank
Biblioteca	Bibliotek
Cine	Kino
Clínica	Klinikk
Escuela	Skole
Estadio	Stadion
Farmacia	Apotek
Galería	Galleri
Hotel	Hotell
Librería	Bokhandel
Mercado	Marked
Museo	Museum
Panadería	Bakeri
Restaurante	Restaurant
Supermercado	Supermarked
Teatro	Teater
Tienda	Butikk
Universidad	Universitet
Zoo	Dyrehage

Clima

Været

Atmósfera	Atmosfære
Brisa	Bris
Cielo	Himmel
Clima	Klima
Hielo	Is
Huracán	Orkan
Inundación	Flom
Monzón	Monsun
Niebla	Tåke
Nube	Sky
Polar	Polar
Rayo	Lyn
Seco	Tørr
Sequía	Tørke
Temperatura	Temperatur
Tormenta	Storm
Tornado	Tornado
Tropical	Tropisk
Trueno	Torden
Viento	Vind

Cocina

Kjøkken

Caldera	Kjele
Comida	Mat
Congelador	Fryser
Cucharas	Skjeer
Cucharón	Øse
Cuchillos	Kniver
Delantal	Forkle
Especias	Krydder
Esponja	Svamp
Horno	Ovn
Jarra	Mugge
Palillos	Spisepinner
Parrilla	Grille
Receta	Oppskrift
Refrigerador	Kjøleskap
Servilleta	Serviett
Tarro	Krukke
Tazas	Kopper
Tazón	Bolle
Tenedores	Gafler

Comida #1

Mat #1

Ajo	Hvitløk
Albahaca	Basilikum
Atún	Tunfisk
Azúcar	Sukker
Canela	Kanel
Carne	Kjøtt
Cebada	Bygg
Cebolla	Løk
Ensalada	Salat
Espinacas	Spinat
Fresa	Jordbær
Jugo	Juice
Leche	Melk
Limón	Sitron
Menta	Mynte
Nabo	Nepe
Pera	Pære
Sal	Salt
Sopa	Suppe
Zanahoria	Gulrot

Comida #2
Mat #2

Alcachofa	Artisjokk
Almendra	Mandel
Apio	Selleri
Arroz	Ris
Berenjena	Aubergine
Cereza	Kirsebær
Chocolate	Sjokolade
Girasol	Solsikke
Huevo	Egg
Jengibre	Ingefær
Kiwi	Kiwi
Manzana	Eple
Pan	Brød
Plátano	Banan
Pollo	Kylling
Queso	Ost
Tomate	Tomat
Trigo	Hvete
Uva	Drue
Yogur	Yoghurt

Conduciendo
Kjøring

Accidente	Ulykke
Calle	Gate
Camión	Lastebil
Coche	Bil
Combustible	Brensel
Frenos	Bremser
Garaje	Garasje
Gas	Gass
Licencia	Lisens
Mapa	Kart
Motocicleta	Motorsykkel
Motor	Motor
Peatonal	Fotgjenger
Peligro	Fare
Policía	Politi
Seguridad	Sikkerhet
Transporte	Transport
Tráfico	Trafikk
Túnel	Tunnel
Velocidad	Hastighet

Creatividad
Kreativitet

Artístico	Kunstnerisk
Autenticidad	Autentisitet
Claridad	Klarhet
Dramático	Dramatisk
Emociones	Følelser
Espontáneo	Spontan
Expresión	Uttrykk
Fluidez	Flyt
Habilidad	Ferdighet
Ideas	Ideer
Imagen	Bilde
Imaginación	Fantasi
Impresión	Inntrykk
Inspiración	Inspirasjon
Intensidad	Intensitet
Intuición	Intuisjon
Inventivo	Oppfinnsom
Sensación	Følelse
Visiones	Visjoner
Vitalidad	Vitalitet

Cuerpo Humano
Menneskekroppen

Barbilla	Hake
Boca	Munn
Cabeza	Hode
Cara	Ansikt
Cerebro	Hjerne
Codo	Albue
Corazón	Hjerte
Cuello	Hals
Dedo	Finger
Hombro	Skulder
Lengua	Tunge
Mano	Hånd
Nariz	Nese
Ojo	Øye
Oreja	Øre
Piel	Hud
Pierna	Bein
Rodilla	Kne
Sangre	Blod
Tobillo	Ankel

Diplomacia
Diplomati

Asesor	Rådgiver
Comunidad	Samfunnet
Conflicto	Konflikt
Cooperación	Samarbeid
Diplomático	Diplomatisk
Discusión	Diskusjon
Embajada	Ambassade
Embajador	Ambassadør
Extranjero	Fremmed
Ética	Etikk
Gobierno	Regjering
Humanitario	Humanitær
Idiomas	Språk
Integridad	Integritet
Justicia	Rettferdighet
Política	Politikk
Resolución	Vedtak
Seguridad	Sikkerhet
Solución	Løsning
Tratado	Traktat

Disciplinas Científicas
Vitenskapelige Disipliner

Anatomía	Anatomi
Arqueología	Arkeologi
Astronomía	Astronomi
Biología	Biologi
Bioquímica	Biokjemi
Botánica	Botanikk
Ecología	Økologi
Fisiología	Fysiologi
Geología	Geologi
Inmunología	Immunologi
Lingüística	Lingvistikk
Mecánica	Mekanikk
Meteorología	Meteorologi
Mineralogía	Mineralogi
Neurología	Nevrologi
Psicología	Psykologi
Química	Kjemi
Sociología	Sosiologi
Termodinámica	Termodynamikk
Zoología	Zoologi

Días y Meses
Dager og Måneder

Abril	April
Agosto	August
Año	År
Calendario	Kalender
Domingo	Søndag
Enero	Januar
Febrero	Februar
Jueves	Torsdag
Julio	Juli
Junio	Juni
Lunes	Mandag
Martes	Tirsdag
Mes	Måned
Miércoles	Onsdag
Noviembre	November
Octubre	Oktober
Sábado	Lørdag
Semana	Uke
Septiembre	September
Viernes	Fredag

Ecología
Økologi

Clima	Klima
Comunidades	Samfunn
Diversidad	Mangfold
Especie	Art
Fauna	Fauna
Flora	Flora
Global	Global
Hábitat	Habitat
Marino	Marine
Montañas	Fjell
Natural	Naturlig
Naturaleza	Natur
Pantano	Myr
Plantas	Planter
Recursos	Ressurser
Sequía	Tørke
Sostenible	Bærekraftig
Supervivencia	Overlevelse
Vegetación	Vegetasjon
Voluntarios	Frivillige

Edificios
Bygningsmasse

Albergue	Herberge
Apartamento	Leilighet
Castillo	Slott
Cine	Kino
Embajada	Ambassade
Escuela	Skole
Estadio	Stadion
Fábrica	Fabrikk
Garaje	Garasje
Granero	Låve
Granja	Gård
Hospital	Sykehus
Hotel	Hotell
Laboratorio	Laboratorium
Museo	Museum
Observatorio	Observatorium
Supermercado	Supermarked
Teatro	Teater
Torre	Tårn
Universidad	Universitet

Electricidad
Elektrisitet

Almacenamiento	Lagring
Batería	Batteri
Bombilla	Pære
Cable	Kabel
Cables	Ledninger
Cantidad	Mengde
Electricista	Elektriker
Eléctrico	Elektrisk
Enchufe	Stikkontakt
Equipo	Utstyr
Generador	Generator
Imán	Magnet
Lámpara	Lampe
Láser	Laser
Negativo	Negativ
Objetos	Objekter
Positivo	Positiv
Red	Nettverk
Televisión	Tv
Teléfono	Telefon

Emociones
Følelser

Aburrimiento	Kjedsomhet
Agradecido	Takknemlig
Alegría	Glede
Alivio	Lettelse
Amor	Kjærlighet
Avergonzado	Flau
Beatitud	Lykksalighet
Bondad	Vennlighet
Calma	Rolig
Contenido	Innhold
Ira	Sinne
Miedo	Frykt
Paz	Fred
Relajado	Avslappet
Satisfecho	Fornøyd
Simpatía	Sympati
Sorpresa	Overraskelse
Ternura	Ømhet
Tranquilidad	Ro
Tristeza	Tristhet

Energía
Energi

Batería	Batteri
Calor	Varme
Carbono	Karbon
Combustible	Brensel
Contaminación	Forurensing
Diesel	Diesel
Electrón	Elektron
Eléctrico	Elektrisk
Entropía	Entropi
Fotón	Foton
Gasolina	Bensin
Hidrógeno	Hydrogen
Industria	Industri
Motor	Motor
Nuclear	Nukleær
Renovable	Fornybar
Sol	Sol
Turbina	Turbin
Vapor	Damp
Viento	Vind

Enfermedad
Sykdom

Agudo	Akutt
Alergias	Allergi
Bienestar	Velvære
Contagioso	Smittsom
Corazón	Hjerte
Crónica	Kronisk
Cuerpo	Kropp
Débil	Svak
Genético	Genetisk
Hereditario	Arvelig
Huesos	Bein
Inflamación	Betennelse
Inmunidad	Immunitet
Lumbar	Lumbar
Neuropatía	Nevropati
Pulmonar	Lunge
Respiratorio	Luftveiene
Salud	Helse
Síndrome	Syndrom
Terapia	Terapi

Especias
Krydder

Agrio	Sur
Ajo	Hvitløk
Amargo	Bitter
Anís	Anis
Azafrán	Safran
Canela	Kanel
Cebolla	Løk
Clavo	Fedd
Comino	Spisskummen
Curry	Karri
Dulce	Søt
Hinojo	Fennikel
Jengibre	Ingefær
Nuez Moscada	Muskat
Pimentón	Paprika
Pimienta	Pepper
Regaliz	Lakris
Sabor	Smak
Sal	Salt
Vainilla	Vanilje

Familia
Familien

Abuela	Bestemor
Abuelo	Bestefar
Antepasado	Stamfar
Esposa	Kone
Hermana	Søster
Hermano	Bror
Hija	Datter
Infancia	Barndom
Madre	Mor
Marido	Ektemann
Materno	Mors
Nieto	Barnebarn
Niño	Barn
Padre	Far
Paterno	Faderlig
Primo	Fetter
Sobrina	Niese
Sobrino	Nevø
Tía	Tante
Tío	Onkel

Filantropía
Filantropi

Caridad	Veldedighet
Comunidad	Samfunnet
Contactos	Kontakter
Donar	Donere
Finanzas	Finans
Fondos	Midler
Generosidad	Gavmildhet
Gente	Folk
Global	Global
Grupos	Grupper
Historia	Historie
Honestidad	Ærlighet
Humanidad	Menneskehet
Juventud	Ungdom
Metas	Mål
Misión	Misjon
Necesitar	Trenge
Niños	Barn
Programas	Programmer
Público	Offentlig

Física
Fysikk

Aceleración	Akselerasjon
Átomo	Atom
Caos	Kaos
Densidad	Tetthet
Electrón	Elektron
Fórmula	Formel
Frecuencia	Frekvens
Gas	Gass
Gravedad	Tyngdekraft
Magnetismo	Magnetisme
Masa	Masse
Mecánica	Mekanikk
Molécula	Molekyl
Motor	Motor
Nuclear	Nukleær
Partícula	Partikkel
Químico	Kjemisk
Universal	Universell
Variable	Variabel
Velocidad	Hastighet

Flores
Blomster

Amapola	Valmue
Diente de León	Løvetann
Gardenia	Gardenia
Girasol	Solsikke
Hibisco	Hibiskus
Jazmín	Sjasmin
Lavanda	Lavendel
Lila	Lilla
Lirio	Lilje
Magnolia	Magnolia
Margarita	Tusenfryd
Narciso	Påskelilje
Orquídea	Orkidé
Pasionaria	Pasjonsblomst
Peonía	Peon
Pétalo	Kronblad
Ramo	Bukett
Rosa	Rose
Trébol	Kløver
Tulipán	Tulipan

Formas
Former

Arco	Bue
Bordes	Kanter
Cilindro	Sylinder
Círculo	Sirkel
Cono	Kjegle
Cuadrado	Torget
Cubo	Kube
Curva	Kurve
Elipse	Ellipse
Esfera	Sfære
Esquina	Hjørne
Hipérbola	Hyperbola
Lado	Side
Línea	Linje
Oval	Oval
Pirámide	Pyramide
Polígono	Polygon
Prisma	Prisme
Rectángulo	Rektangel
Triángulo	Trekant

Fruta
Frukt

Aguacate	Avokado
Albaricoque	Aprikos
Baya	Bær
Cereza	Kirsebær
Coco	Kokosnøtt
Frambuesa	Bringebær
Guayaba	Guava
Kiwi	Kiwi
Limón	Sitron
Mango	Mango
Manzana	Eple
Melocotón	Fersken
Melón	Melon
Naranja	Oransje
Nectarina	Nektarin
Papaya	Papaya
Pera	Pære
Piña	Ananas
Plátano	Banan
Uva	Drue

Fuerza y Gravedad
Kraft og Gravitasjon

Centro	Sentrum
Descubrimiento	Oppdagelse
Dinámico	Dynamisk
Distancia	Avstand
Eje	Akser
Expansión	Utvidelse
Física	Fysikk
Fricción	Friksjon
Impacto	Innvirkning
Magnetismo	Magnetisme
Mecánica	Mekanikk
Movimiento	Bevegelse
Órbita	Bane
Peso	Vekt
Planetas	Planeter
Presión	Press
Propiedades	Egenskaper
Tiempo	Tid
Universal	Universell
Velocidad	Hastighet

Geografía
Geografi

Altitud	Høyde
Atlas	Atlas
Ciudad	By
Continente	Kontinent
Hemisferio	Halvkule
Isla	Øy
Latitud	Breddegrad
Longitud	Lengdegrad
Mapa	Kart
Mar	Hav
Meridiano	Meridian
Montaña	Fjell
Mundo	Verden
Norte	Nord
Oeste	Vest
País	Land
Región	Region
Río	Elv
Sur	Sør
Territorio	Territorium

Geología
Geologi

Ácido	Syre
Calcio	Kalsium
Capa	Lag
Caverna	Hule
Continente	Kontinent
Coral	Korall
Cristales	Crystal
Cuarzo	Kvarts
Erosión	Erosjon
Estalactita	Stalaktitt
Estalagmitas	Stalagmitter
Fósil	Fossilt
Géiser	Geysir
Lava	Lava
Meseta	Platå
Minerales	Mineraler
Piedra	Stein
Sal	Salt
Terremoto	Jordskjelv
Volcán	Vulkan

Geometría
Geometri

Altura	Høyde
Ángulo	Vinkel
Cálculo	Beregning
Curva	Kurve
Diámetro	Diameter
Dimensión	Dimensjon
Ecuación	Ligning
Horizontal	Horisontal
Lógica	Logikk
Masa	Masse
Mediana	Median
Número	Nummer
Paralelo	Parallell
Proporción	Andel
Segmento	Segmentet
Simetría	Symmetri
Superficie	Flate
Teoría	Teori
Triángulo	Trekant
Vertical	Vertikal

Gobierno
Myndighetene

Civil	Sivil
Constitución	Grunnlov
Democracia	Demokrati
Derechos	Rettigheter
Discurso	Tale
Discusión	Diskusjon
Distrito	Distrikt
Estado	Stat
Igualdad	Likestilling
Independencia	Uavhengighet
Judicial	Rettslig
Justicia	Rettferdighet
Ley	Lov
Libertad	Frihet
Líder	Leder
Monumento	Monument
Nacional	Nasjonal
Nación	Nasjon
Política	Politikk
Símbolo	Symbol

Granja #1
Gården #1

Abeja	Bie
Agricultura	Landbruk
Agua	Vann
Arroz	Ris
Burro	Esel
Caballo	Hest
Cabra	Geit
Campo	Felt
Cuervo	Kråke
Fertilizante	Gjødsel
Gato	Katt
Heno	Høy
Miel	Honning
Perro	Hund
Pollo	Kylling
Semillas	Frø
Ternero	Kalv
Tierra	Land
Vaca	Ku
Valla	Gjerde

Granja #2
Gården #2

Agricultor	Bonde
Animales	Dyr
Cebada	Bygg
Colmena	Bikube
Comida	Mat
Cordero	Lam
Fruta	Frukt
Granero	Låve
Huerto	Frukthage
Leche	Melk
Llama	Lama
Maíz	Korn
Oveja	Sau
Pastor	Hyrde
Pato	And
Prado	Eng
Riego	Vanning
Tractor	Traktor
Trigo	Hvete
Vegetal	Grønnsak

Herboristería
Urtemedisin

Ajo	Hvitløk
Albahaca	Basilikum
Aromático	Aromatisk
Azafrán	Safran
Calidad	Kvalitet
Culinario	Kulinarisk
Eneldo	Dill
Estragón	Estragon
Flor	Blomst
Hinojo	Fennikel
Ingrediente	Ingrediens
Jardín	Hage
Lavanda	Lavendel
Mejorana	Marjoram
Menta	Mynte
Perejil	Persille
Planta	Plante
Romero	Rosmarin
Sabor	Smak
Verde	Grønn

Ingeniería
Teknisk

Ángulo	Vinkel
Cálculo	Beregning
Construcción	Konstruksjon
Diagrama	Diagram
Diámetro	Diameter
Diesel	Diesel
Distribución	Distribusjon
Eje	Akser
Energía	Energi
Estabilidad	Stabilitet
Estructura	Struktur
Fricción	Friksjon
Fuerza	Styrke
Líquido	Væske
Máquina	Maskin
Medición	Mål
Motor	Motor
Palancas	Spaker
Profundidad	Dybde
Propulsión	Fremdrift

Instrumentos Musicales
Musikkinstrumenter

Armónica	Munnspill
Arpa	Harpe
Banjo	Banjo
Clarinete	Klarinett
Fagot	Fagott
Flauta	Fløyte
Gong	Gong
Guitarra	Gitar
Mandolina	Mandolin
Marimba	Marimba
Oboe	Obo
Pandereta	Tamburin
Percusión	Perkusjon
Piano	Piano
Saxofón	Saksofon
Tambor	Tromme
Trombón	Trombone
Trompeta	Trompet
Violín	Fiolin
Violonchelo	Cello

Jardinería
Hagearbeid

Agua	Vann
Botánico	Botanisk
Clima	Klima
Comestible	Spiselig
Compost	Kompost
Contenedor	Beholder
Especie	Art
Estacional	Sesongmessig
Exótico	Eksotisk
Flor	Blomstre
Floral	Blomster
Follaje	Løvverk
Hoja	Blad
Huerto	Frukthage
Humedad	Fuktighet
Manguera	Slange
Ramo	Bukett
Semillas	Frø
Suciedad	Skitt
Suelo	Jord

Jardín
Hage

Arbusto	Busk
Árbol	Tre
Banco	Benk
Césped	Plen
Estanque	Dam
Flor	Blomst
Garaje	Garasje
Hamaca	Hengekøye
Hierba	Gress
Huerto	Frukthage
Jardín	Hage
Malezas	Ugress
Manguera	Slange
Pala	Spade
Porche	Veranda
Rastrillo	Rake
Suelo	Jord
Terraza	Terrasse
Trampolín	Trampoline
Valla	Gjerde

Jazz
Jazz

Artista	Kunstner
Álbum	Album
Canción	Sang
Composición	Sammensetning
Compositor	Komponist
Concierto	Konsert
Estilo	Stil
Énfasis	Vekt
Famoso	Berømt
Favoritos	Favoritter
Género	Sjanger
Improvisación	Improvisasjon
Música	Musikk
Nuevo	Ny
Orquesta	Orkester
Ritmo	Rytme
Talento	Talent
Tambores	Trommer
Técnica	Teknikk
Viejo	Gammel

La Empresa
Selskapet

Calidad	Kvalitet
Creativo	Kreativ
Decisión	Beslutning
Empleo	Sysselsetting
Global	Global
Industria	Industri
Ingresos	Inntekter
Innovador	Innovativ
Inversión	Investering
Negocio	Virksomhet
Posibilidad	Mulighet
Presentación	Presentasjon
Producto	Produkt
Profesional	Profesjonell
Progreso	Framgang
Recursos	Ressurser
Reputación	Rykte
Riesgos	Risiko
Tendencias	Trender
Unidades	Enheter

Libros
Reserve

Autor	Forfatter
Aventura	Eventyr
Colección	Samling
Contexto	Kontekst
Dualidad	Dualitet
Escrito	Skrevet
Historia	Historie
Histórico	Historisk
Humorístico	Humoristisk
Inventivo	Oppfinnsom
Lector	Leser
Literario	Litterær
Narrador	Forteller
Novela	Roman
Página	Side
Pertinente	Aktuell
Poema	Dikt
Poesía	Poesi
Serie	Serie
Trágico	Tragisk

Literatura
Litteratur

Analogía	Analogi
Análisis	Analyse
Anécdota	Anekdote
Autor	Forfatter
Biografía	Biografi
Comparación	Sammenligning
Conclusión	Konklusjon
Descripción	Beskrivelse
Diálogo	Dialog
Estilo	Stil
Metáfora	Metafor
Narrador	Forteller
Novela	Roman
Opinión	Mening
Poema	Dikt
Poético	Poetisk
Rima	Rim
Ritmo	Rytme
Tema	Tema
Tragedia	Tragedie

Los Medios de Comunicación
Mediene

Actitudes	Holdninger
Comercial	Kommersiell
Comunicación	Kommunikasjon
Digital	Digitalt
Edición	Utgave
Educación	Utdanning
En Línea	Online
Financiación	Finansiering
Fotos	Bilder
Hechos	Fakta
Industria	Industri
Intelectual	Intellektuell
Local	Lokal
Opinión	Mening
Periódicos	Aviser
Público	Offentlig
Radio	Radio
Red	Nettverk
Revistas	Magasiner
Televisión	Tv

Mamíferos
Pattedyr

Ballena	Hval
Burro	Esel
Caballo	Hest
Camello	Kamel
Canguro	Kenguru
Cebra	Sebra
Conejo	Kanin
Coyote	Prærieulv
Delfín	Delfin
Elefante	Elefant
Gato	Katt
Gorila	Gorilla
Jirafa	Sjiraff
Lobo	Ulv
Mono	Ape
Oso	Bjørn
Oveja	Sau
Perro	Hund
Toro	Okse
Zorro	Rev

Matemáticas
Matematikk

Aritmética	Aritmetikk
Ángulos	Vinkler
Circunferencia	Omkrets
Cuadrado	Torget
Decimal	Desimal
Diámetro	Diameter
División	Divisjon
Ecuación	Ligning
Esfera	Sfære
Exponente	Eksponent
Fracción	Brøkdel
Geometría	Geometri
Paralelo	Parallell
Polígono	Polygon
Radio	Radius
Rectángulo	Rektangel
Simetría	Symmetri
Suma	Sum
Triángulo	Trekant
Volumen	Volum

Mediciones
Målinger

Altura	Høyde
Ancho	Bredde
Byte	Byte
Centímetro	Centimeter
Decimal	Desimal
Grado	Grad
Gramo	Gram
Kilogramo	Kilo
Kilómetro	Kilometer
Litro	Liter
Longitud	Lengde
Masa	Masse
Metro	Meter
Minuto	Minutt
Onza	Unse
Peso	Vekt
Profundidad	Dybde
Pulgada	Tomme
Tonelada	Tonn
Volumen	Volum

Meditación
Meditasjon

Aceptación	Aksept
Atención	Oppmerksomhet
Bondad	Vennlighet
Calma	Rolig
Claridad	Klarhet
Compasión	Medfølelse
Emociones	Følelser
Gratitud	Takknemlighet
Mental	Mental
Mente	Sinn
Movimiento	Bevegelse
Música	Musikk
Naturaleza	Natur
Observación	Observasjon
Paz	Fred
Pensamientos	Tanker
Perspectiva	Perspektiv
Postura	Holdning
Respiración	Puste
Silencio	Stillhet

Mitología
Mytologi

Arquetipo	Arketype
Celos	Sjalusi
Cielo	Himmel
Comportamiento	Oppførsel
Creación	Skapelse
Creencias	Tro
Criatura	Skapning
Cultura	Kultur
Desastre	Katastrofe
Fuerza	Styrke
Guerrero	Kriger
Héroe	Helt
Inmortalidad	Udødelighet
Laberinto	Labyrint
Leyenda	Legende
Monstruo	Monster
Mortal	Dødelig
Rayo	Lyn
Trueno	Torden
Venganza	Hevn

Moda
Mote

Bordado	Broderi
Botones	Knapper
Boutique	Boutique
Caro	Dyrt
Elegante	Elegant
Encaje	Blonder
Estilo	Stil
Mediciones	Målinger
Minimalista	Minimalistisk
Moderno	Moderne
Modesto	Beskjeden
Original	Original
Patrón	Mønster
Práctico	Praktisk
Ropa	Klær
Sencillo	Enkel
Sofisticado	Sofistikert
Tejido	Stoff
Tendencia	Trend
Textura	Tekstur

Música
Musikk

Armonía	Harmoni
Armónico	Harmonisk
Álbum	Album
Balada	Ballade
Cantante	Sanger
Cantar	Synge
Clásico	Klassisk
Coro	Kor
Grabación	Innspilling
Improvisar	Improvisere
Instrumento	Instrument
Melodía	Melodi
Micrófono	Mikrofon
Musical	Musikalsk
Músico	Musiker
Ópera	Opera
Poético	Poetisk
Ritmo	Rytme
Tempo	Tempo
Vocal	Vokal

Naturaleza
Naturen

Abejas	Bier
Animales	Dyr
Ártico	Arktisk
Belleza	Skjønnhet
Bosque	Skog
Desierto	Ørken
Dinámico	Dynamisk
Erosión	Erosjon
Follaje	Løvverk
Glaciar	Isbre
Niebla	Tåke
Nubes	Skyer
Pacífico	Fredelig
Refugio	Ly
Río	Elv
Salvaje	Vill
Santuario	Helligdom
Sereno	Rolig
Tropical	Tropisk
Vital	Viktig

Negocio
Forretninger

Carrera	Karriere
Costo	Koste
Descuento	Rabatt
Dinero	Penger
Economía	Økonomi
Empleado	Ansatt
Empleador	Arbeidsgiver
Empresa	Selskap
Fábrica	Fabrikk
Finanzas	Finans
Impuestos	Skatter
Inversión	Investering
Mercancía	Handelsvarer
Moneda	Valuta
Oficina	Kontor
Presupuesto	Budsjett
Tienda	Butikk
Trabajo	Jobb
Transacción	Transaksjon
Venta	Salg

Nutrición
Ernæring

Amargo	Bitter
Apetito	Appetitt
Calidad	Kvalitet
Calorías	Kalorier
Carbohidratos	Karbohydrater
Comestible	Spiselig
Dieta	Diett
Digestión	Fordøyelse
Equilibrado	Balansert
Fermentación	Gjæring
Hábitos	Vaner
Nutriente	Næringsstoff
Peso	Vekt
Proteínas	Proteiner
Sabor	Smak
Salsa	Saus
Salud	Helse
Saludable	Sunn
Toxina	Gift
Vitamina	Vitamin

Números
Antall

Catorce	Fjorten
Cero	Null
Cinco	Fem
Cuatro	Fire
Decimal	Desimal
Diecinueve	Nitten
Dieciocho	Atten
Dieciséis	Seksten
Diecisiete	Sytten
Diez	Ti
Doce	Tolv
Dos	To
Nueve	Ni
Ocho	Åtte
Quince	Femten
Seis	Seks
Siete	Syv
Trece	Tretten
Tres	Tre
Veinte	Tjue

Océano
Havet

Alga	Alger
Anguila	Ål
Arrecife	Rev
Atún	Tunfisk
Ballena	Hval
Barco	Båt
Camarón	Reke
Cangrejo	Krabbe
Coral	Korall
Delfín	Delfin
Esponja	Svamp
Mareas	Tidevann
Medusa	Manet
Ostra	Østers
Pescado	Fisk
Pulpo	Blekksprut
Sal	Salt
Tiburón	Hai
Tormenta	Storm
Tortuga	Skilpadde

Paisajes
Landskap

Cascada	Foss
Cueva	Hule
Desierto	Ørken
Estuario	Elvemunningen
Géiser	Geysir
Glaciar	Isbre
Iceberg	Isfjell
Isla	Øy
Lago	Innsjø
Laguna	Lagune
Mar	Hav
Montaña	Fjell
Oasis	Oase
Pantano	Sump
Península	Halvøy
Playa	Strand
Río	Elv
Tundra	Tundra
Valle	Dal
Volcán	Vulkan

Países #1
Land #1

Alemania	Tyskland
Argentina	Argentina
Bélgica	Belgia
Brasil	Brasil
Canadá	Canada
Ecuador	Ecuador
Egipto	Egypt
España	Spania
Filipinas	Filippinene
Honduras	Honduras
India	India
Italia	Italia
Libia	Libya
Malí	Mali
Marruecos	Marokko
Nicaragua	Nicaragua
Noruega	Norge
Panamá	Panama
Polonia	Polen
Venezuela	Venezuela

Países #2
Land #2

Albania	Albania
Australia	Australia
Austria	Østerrike
Dinamarca	Danmark
Etiopía	Etiopia
Francia	Frankrike
Grecia	Hellas
Indonesia	Indonesia
Irlanda	Irland
Jamaica	Jamaica
Japón	Japan
Laos	Laos
México	Mexico
Pakistán	Pakistan
Portugal	Portugal
Rusia	Russland
Siria	Syria
Sudán	Sudan
Ucrania	Ukraina
Uganda	Uganda

Pájaros
Fugler

Avestruz	Struts
Águila	Ørn
Cigüeña	Stork
Cisne	Svanen
Cuco	Gjøk
Cuervo	Kråke
Flamenco	Flamingo
Ganso	Gås
Garza	Hegre
Gaviota	Måke
Gorrión	Spurv
Halcón	Hauk
Huevo	Egg
Loro	Papegøye
Paloma	Due
Pato	And
Pelícano	Pelikan
Pingüino	Pingvin
Pollo	Kylling
Tucán	Toucan

Plantas
Planter

Arbusto	Busk
Árbol	Tre
Bambú	Bambus
Baya	Bær
Bosque	Skog
Botánica	Botanikk
Cactus	Kaktus
Fertilizante	Gjødsel
Flor	Blomst
Flora	Flora
Follaje	Løvverk
Frijol	Bønne
Hiedra	Eføy
Hierba	Gress
Hoja	Blad
Jardín	Hage
Musgo	Mose
Pétalo	Kronblad
Raíz	Rot
Vegetación	Vegetasjon

Profesiones #1

Yrker # 1

Abogado	Advokat
Astrónomo	Astronom
Atleta	Atlet
Bailarín	Danser
Banquero	Bankier
Bombero	Brannmann
Cartógrafo	Kartograf
Cazador	Jeger
Doctor	Lege
Editor	Redaktør
Embajador	Ambassadør
Enfermera	Sykepleier
Entrenador	Trener
Fontanero	Rørlegger
Geólogo	Geolog
Joyero	Gullsmed
Músico	Musiker
Pianista	Pianist
Psicólogo	Psykolog
Veterinario	Veterinær

Profesiones #2

Yrker # 2

Astronauta	Astronaut
Bibliotecario	Bibliotekar
Biólogo	Biolog
Cirujano	Kirurg
Dentista	Tannlege
Detective	Detektiv
Filósofo	Filosof
Fotógrafo	Fotograf
Ilustrador	Illustratør
Ingeniero	Ingeniør
Inventor	Oppfinner
Investigador	Forsker
Jardinero	Gartner
Lingüista	Lingvist
Médico	Lege
Periodista	Journalist
Piloto	Pilot
Pintor	Maler
Profesor	Lærer
Zoólogo	Zoolog

Psicología

Psykologi

Cita	Avtale
Clínico	Klinisk
Cognición	Kognisjon
Comportamiento	Oppførsel
Conflicto	Konflikt
Ego	Ego
Emociones	Følelser
Evaluación	Vurdering
Experiencias	Erfaringer
Ideas	Ideer
Inconsciente	Bevisstløs
Infancia	Barndom
Pensamientos	Tanker
Percepción	Oppfatning
Personalidad	Personlighet
Problema	Problem
Realidad	Virkelighet
Sensación	Følelse
Sueños	Drømmer
Terapia	Terapi

Química

Kjemi

Alcalino	Alkalisk
Ácido	Syre
Calor	Varme
Carbono	Karbon
Catalizador	Katalysator
Cloro	Klor
Electrón	Elektron
Enzima	Enzym
Gas	Gass
Hidrógeno	Hydrogen
Ion	Ion
Líquido	Væske
Metales	Metaller
Molécula	Molekyl
Nuclear	Nukleær
Oxígeno	Oksygen
Peso	Vekt
Reacción	Reaksjon
Sal	Salt
Temperatura	Temperatur

Restaurante #2

Restaurant # 2

Agua	Vann
Almuerzo	Lunsj
Aperitivo	Forrett
Bebida	Drikk
Camarero	Kelner
Cena	Middag
Cuchara	Skje
Delicioso	Deilig
Ensalada	Salat
Especias	Krydder
Fruta	Frukt
Hielo	Is
Huevos	Egg
Pastel	Kake
Pescado	Fisk
Sal	Salt
Silla	Stol
Sopa	Suppe
Tenedor	Gaffel
Verduras	Grønnsaker

Ropa

Klær

Abrigo	Frakk
Blusa	Bluse
Bufanda	Skjerf
Camisa	Skjorte
Chaqueta	Jakke
Cinturón	Belte
Collar	Halskjede
Delantal	Forkle
Falda	Skjørt
Guantes	Hansker
Joyas	Smykker
Moda	Mote
Pantalones	Bukse
Pijama	Pyjamas
Pulsera	Armbånd
Sandalias	Sandaler
Sombrero	Hatt
Suéter	Genser
Vestido	Kjole
Zapato	Sko

Salud y Bienestar #1
Helse og Velvære #1

Activo	Aktiv
Altura	Høyde
Bacterias	Bakterie
Clínica	Klinikk
Doctor	Lege
Farmacia	Apotek
Fractura	Brudd
Hambre	Sult
Hábito	Vane
Hormonas	Hormoner
Huesos	Bein
Medicina	Medisin
Músculos	Muskler
Piel	Hud
Postura	Holdning
Reflejo	Refleks
Relajación	Avslapning
Terapia	Terapi
Tratamiento	Behandling
Virus	Virus

Salud y Bienestar #2
Helse og Velvære #2

Alergia	Allergi
Anatomía	Anatomi
Apetito	Appetitt
Caloría	Kalori
Deshidratación	Dehydrering
Dieta	Diett
Digestión	Fordøyelse
Energía	Energi
Enfermedad	Sykdom
Estrés	Stress
Genética	Genetikk
Higiene	Hygiene
Hospital	Sykehus
Infección	Infeksjon
Masaje	Massasje
Nutrición	Ernæring
Peso	Vekt
Saludable	Sunn
Sangre	Blod
Vitamina	Vitamin

Selva Tropical
Regnskogen

Anfibios	Amfibier
Botánico	Botanisk
Clima	Klima
Comunidad	Samfunnet
Diversidad	Mangfold
Especie	Art
Indígena	Urfolk
Insectos	Insekter
Mamíferos	Pattedyr
Musgo	Mose
Naturaleza	Natur
Nubes	Skyer
Pájaros	Fugler
Preservación	Bevaring
Refugio	Tilflukt
Respeto	Respekt
Restauración	Restaurering
Selva	Jungel
Supervivencia	Overlevelse
Valioso	Verdifull

Suministros de Arte
Kunst Forsyninger

Aceite	Olje
Acrílico	Akryl
Acuarelas	Akvareller
Agua	Vann
Arcilla	Leire
Borrador	Viskelær
Caballete	Staffeli
Carbón	Kull
Cámara	Kamera
Cepillos	Børster
Colores	Farger
Creatividad	Kreativitet
Ideas	Ideer
Lápices	Blyanter
Mesa	Bord
Papel	Papir
Pegamento	Lim
Pinturas	Maling
Silla	Stol
Tinta	Blekk

Tiempo
Tid

Ahora	Nå
Antes	Før
Anual	Årlig
Año	År
Ayer	I Går
Calendario	Kalender
Década	Tiår
Día	Dag
Futuro	Fremtid
Hora	Time
Hoy	I Dag
Mañana	Morgen
Mediodía	Middagstid
Mes	Måned
Minuto	Minutt
Momento	Øyeblikk
Noche	Natt
Reloj	Klokke
Semana	Uke
Siglo	Århundre

Tipos de Cabello
Hårtyper

Blanco	Hvit
Brillante	Skinnende
Calvo	Skallet
Corto	Kort
Delgada	Tynn
Gris	Grå
Grueso	Tykk
Largo	Lang
Marrón	Brun
Negro	Svart
Ondulado	Bølgete
Plata	Sølv
Rizado	Krøllet
Rizos	Krøller
Rubio	Blond
Saludable	Sunn
Seco	Tørr
Suave	Myk
Trenzado	Flettet
Trenzas	Fletter

Universo
Universet

Asteroide	Asteroide
Astronomía	Astronomi
Astrónomo	Astronom
Atmósfera	Atmosfære
Celestial	Himmelsk
Cielo	Himmel
Cósmico	Kosmisk
Ecuador	Ekvator
Galaxia	Galaxy
Hemisferio	Halvkule
Horizonte	Horisont
Latitud	Breddegrad
Longitud	Lengdegrad
Luna	Måne
Oscuridad	Mørke
Órbita	Bane
Solar	Solar
Solsticio	Solverv
Telescopio	Teleskop
Visible	Synlig

Vacaciones #2
Ferie # 2

Aeropuerto	Flyplassen
Carpa	Telt
Destino	Destinasjon
Extranjero	Utlending
Fotos	Bilder
Hotel	Hotell
Isla	Øy
Mapa	Kart
Mar	Hav
Ocio	Fritid
Pasaporte	Pass
Playa	Strand
Reservas	Reservasjoner
Restaurante	Restaurant
Taxi	Taxi
Transporte	Transport
Tren	Tog
Vacaciones	Ferie
Viaje	Reise
Visa	Visum

Vehículos
Kjøretøy

Ambulancia	Ambulanse
Autobús	Buss
Avión	Fly
Balsa	Flåte
Barco	Båt
Bicicleta	Sykkel
Camión	Lastebil
Caravana	Campingvogn
Coche	Bil
Cohete	Rakett
Ferry	Ferje
Furgoneta	Varebil
Helicóptero	Helikopter
Metro	T
Motor	Motor
Neumáticos	Dekk
Submarino	Undervannsbåt
Taxi	Taxi
Tractor	Traktor
Tren	Tog

Verduras
Grønnsaker

Ajo	Hvitløk
Alcachofa	Artisjokk
Apio	Selleri
Berenjena	Aubergine
Brócoli	Brokkoli
Calabaza	Gresskar
Cebolla	Løk
Ensalada	Salat
Espinacas	Spinat
Guisante	Ert
Jengibre	Ingefær
Nabo	Nepe
Oliva	Oliven
Patata	Potet
Pepino	Agurk
Perejil	Persille
Rábano	Reddik
Seta	Sopp
Tomate	Tomat
Zanahoria	Gulrot

Enhorabuena

Lo has conseguido!

Esperamos que hayas disfrutado de este libro tanto como nosotros al diseñarlo. Nos esforzamos por crear libros de la máxima calidad posible.
Esta edición está diseñada para proporcionar un aprendizaje inteligente, de calidad y divertido!

¿Te ha gustado este libro?

Una Petición Sencilla

Estos libros existen gracias a las reseñas que se publican.
¿Podrías ayudarnos dejando una reseña ahora?
Aquí tienes un breve enlace a la página de reseñas

BestBooksActivity.com/Opiniones50

¡DESAFÍO FINAL!

Reto n°1

¿Estás listo para tu juego gratis? Los utilizamos siempre, pero no son tan fáciles de encontrar. ¡Aquí están los **Sinónimos**!
Escribe 5 palabras que hayas encontrado en los rompecabezas (#21, #36, #76) y trata de encontrar 2 sinónimos para cada palabra.

Escriba 5 palabras del ***Puzzle 21***

Palabras	Sinónimo 1	Sinónimo 2

Escriba 5 palabras del ***Puzzle 36***

Palabras	Sinónimo 1	Sinónimo 2

Escriba 5 palabras del ***Puzzle 76***

Palabras	Sinónimo 1	Sinónimo 2

Reto n°2

Ahora que te has calentado, escribe 5 palabras que hayas encontrado en los Puzzles 9, 17 y 25 e intenta encontrar 2 antónimos para cada palabra. ¿Cuántos puedes encontrar en 20 minutos?

*Escriba 5 palabras del **Puzzle 9***

Palabras	Antónimo 1	Antónimo 2

*Escriba 5 palabras del **Puzzle 17***

Palabras	Antónimo 1	Antónimo 2

*Escriba 5 palabras del **Puzzle 25***

Palabras	Antónimo 1	Antónimo 2

Reto n°3

¡Genial! Este desafío final  no es nada para ti.

¿Preparado para el reto final? Elige 10 palabras que hayas descubierto en los diferentes rompecabezas y escríbelas a continuación.

1.	6.
2.	7.
3.	8.
4.	9.
5.	10.

Ahora escribe un texto pensando en una persona, un animal o un lugar que te guste.

Puedes usar la última página de este libro como borrador.

Tu Composición:

CUADERNO DE NOTAS :

HASTA PRONTO !

Todo el Equipo

www.ingramcontent.com/pod-product-compliance
Lightning Source LLC
Chambersburg PA
CBHW082217120626
46553CB00010B/3183
9798896703600